PONS

Verbtabellen Plus
ITALIENISCH

von
Mimma Diaco
Laura Kraft
Giulio Recchia

PONS GmbH
Stuttgart

PONS

Verbtabellen Plus
ITALIENISCH

von

Mimma Diaco

Laura Kraft

Giuglio Recchia

Auflage A1 5 4 3 2 1 / 2013 2012 2011 2010

PONS Produktinfos und Shop: www.pons.de
PONS Sprachenportal: www.pons.eu
E-Mail: info@pons.de

Redaktion: Regina Reinboth-Kämpf, Christine Lippet, Arkadiusz Wrobel
Redaktionelle Mitarbeit: Joachim Neubold, Federica Loreggian
Logoentwurf: Erwin Poell, Heidelberg
Logoüberarbeitung: Sabine Redlin, Ludwigsburg
Titelfoto: Vlado Golub, Stuttgart
Einbandgestaltung: Tanja Haller, Petra Hazer, Stuttgart
Layout/Satz: Satzkasten, Stuttgart
Druck und Bindung: Print Consult GmbH, Südliche Münchner Straße 24a, München

Printed in Slovak Republic.
ISBN: 978-3-12-561513-7

Inhalt

So benutzen Sie dieses Buch

Die PONS Verbtabellen Plus Italienisch bieten Ihnen übersichtliche Konjugationstabellen zu 61 regelmäßigen und unregelmäßigen Musterverben, einem reflexiven Verb und zum Passiv. Diese Konjugationsmuster zeigen Ihnen alle Formen - auch die zusammengesetzten - auf einen Blick; auf Besonderheiten wird durch farbliche Hervorhebung und praktische Faustregeln hingewiesen. Zusätzlich werden in verkürzter Form weitere 52 beispielhafte Verben mit ihren typischen Unregelmäßigkeiten vorgestellt. Passend zur Konjugationstabelle auf der linken Seite erhalten Sie auf der rechten Seite zahlreiche Informationen zur Verwendung der Verben: Beispielsätze, häufige Wendungen, häufige Verben, die ähnlich konjugiert werden, Besonderheiten zur Konjugation und nützliche Tipps, um die Konjugation dieser Verben zu lernen.

Aufbau der Konjugationstabellen

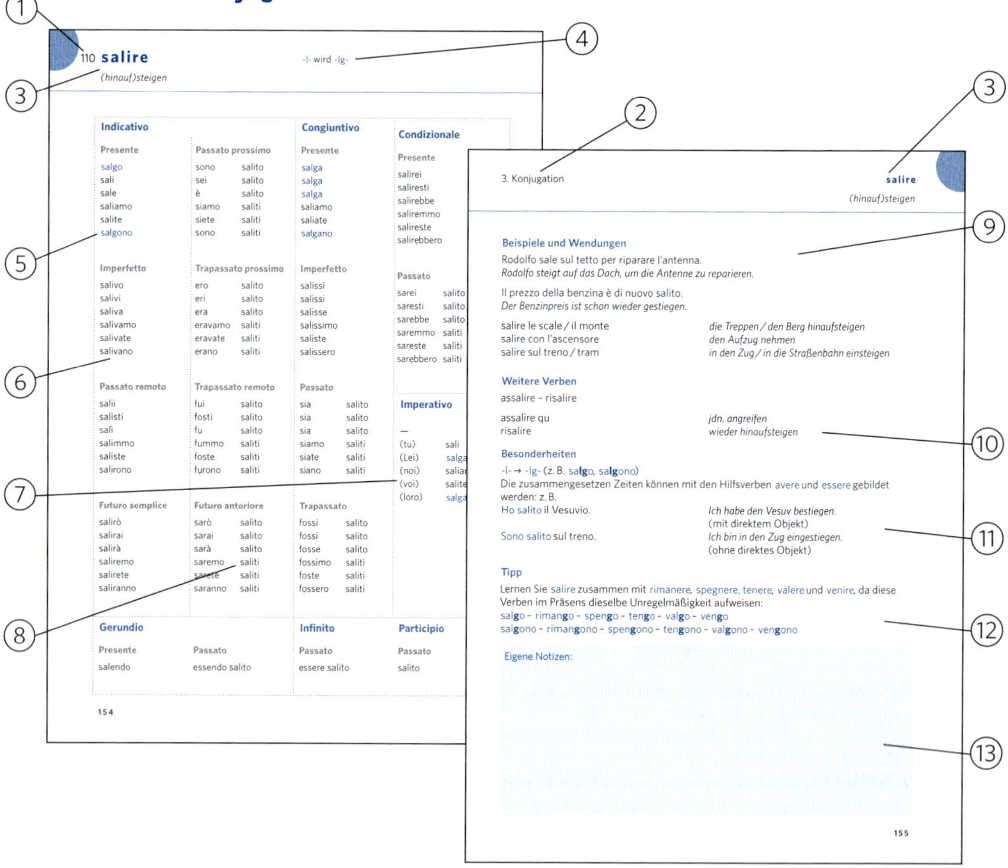
110 **salire** -l- wird -lg-
(hinauf)steigen

Indicativo		Congiuntivo	Condizionale
Presente	**Passato prossimo**	**Presente**	**Presente**
salgo	sono salito	salga	salirei
sali	sei salito	salga	saliresti
sale	è salito	salga	salirebbe
saliamo	siamo saliti	saliamo	saliremmo
salite	siete saliti	saliate	salireste
salgono	sono saliti	salgano	salirebbero
Imperfetto	**Trapassato prossimo**	**Imperfetto**	**Passato**
salivo	ero salito	salissi	sarei salito
salivi	eri salito	salissi	saresti salito
saliva	era salito	salisse	sarebbe salito
salivamo	eravamo saliti	salissimo	saremmo saliti
salivate	eravate saliti	saliste	sareste saliti
salivano	erano saliti	salissero	sarebbero saliti
Passato remoto	**Trapassato remoto**	**Passato**	**Imperativo**
salii	fui salito	sia salito	—
salisti	fosti salito	sia salito	(tu) sali
salì	fu salito	sia salito	(Lei) salga
salimmo	fummo saliti	siamo saliti	(noi) saliamo
saliste	foste saliti	siate saliti	(voi) salite
salirono	furono saliti	siano saliti	(loro) salgano
Futuro semplice	**Futuro anteriore**	**Trapassato**	
salirò	sarò salito	fossi salito	
salirai	sarai salito	fossi salito	
salirà	sarà salito	fosse salito	
saliremo	saremo saliti	fossimo saliti	
salirete	sarete saliti	foste saliti	
saliranno	saranno saliti	fossero saliti	
Gerundio		**Infinito**	**Participio**
Presente	**Passato**	**Passato**	**Passato**
salendo	essendo salito	essere salito	salito

154

3. Konjugation **salire**
(hinauf)steigen

Beispiele und Wendungen
Rodolfo sale sul tetto per riparare l'antenna.
Rodolfo steigt auf das Dach, um die Antenne zu reparieren.
Il prezzo della benzina è di nuovo salito.
Der Benzinpreis ist schon wieder gestiegen.
salire le scale / il monte — *die Treppen / den Berg hinaufsteigen*
salire con l'ascensore — *den Aufzug nehmen*
salire sul treno / tram — *in den Zug / in die Straßenbahn einsteigen*

Weitere Verben
assalire - risalire
assalire qu — *jdn. angreifen*
risalire — *wieder hinaufsteigen*

Besonderheiten
-l- → -lg- (z. B. salgo, salgono)
Die zusammengesetzen Zeiten können mit den Hilfsverben avere und essere gebildet werden: z. B.
Ho salito il Vesuvio. — *Ich habe den Vesuv bestiegen.* (mit direktem Objekt)
Sono salito sul treno. — *Ich bin in den Zug eingestiegen.* (ohne direktes Objekt)

Tipp
Lernen Sie salire zusammen mit rimanere, spegnere, tenere, valere und venire, da diese Verben im Präsens dieselbe Unregelmäßigkeit aufweisen:
salgo - rimango - spengo - tengo - valgo - vengo
salgono - rimangono - spengono - tengono - valgono - vengono

Eigene Notizen:

155

(1) Konjugationsnummer: Mit Hilfe dieser Nummer lassen sich alle in der Verbliste aufgeführten Verben dem jeweils entsprechenden Konjugationsmuster zuordnen.

(2) Verbgruppe: Gibt an, zu welcher der drei italienischen Verbgruppen das Musterverb gehört: 1. Konjugation: Verben auf -are
2. Konjugation: Verben auf -ere
3. Konjugation: Verben auf -ire

(3) Musterverb mit Übersetzung: Verb, das exemplarisch für alle ähnlichen Verben (mit gleicher Konjugationsnummer) steht.

(4) Kurzcharakteristik: Merksatz zu den Besonderheiten / Unregelmäßigkeiten des Konjugationsmusters.

(5) Farbliche Hervorhebung: Alle Formen, die vom regelmäßigen Konjugationsschema abweichen, sind blau hervorgehoben.

(6) Betonungspunkte: Die meisten italienischen Wörter werden auf der vorletzten Silbe betont. Weicht eine Verbform von dieser Regel ab, ist die betonte Silbe durch einen Punkt gekennzeichnet.

(7) Personalpronomen: Personalpronomen wurden nicht aufgeführt, da das Italienische sie nur zur Betonung braucht. Lediglich beim Imperativ sind die Personalpronomen zur besseren Orientierung in Klammern angegeben.

(8) Verzicht auf feminine Formen: Aus Gründen der Übersichtlichkeit wurde bei den mit essere konjugierten Verben lediglich die maskuline Form des Partizips angeführt.

(9) Beispiele und Wendungen: Zu jedem konjugierten Verb auf der linken Seite finden Sie hier rechts nützliche Beispiele und Wendungen.

(10) Weitere Verben: Zu jedem konjugierten Verb auf der linken Seite finden Sie hier eine Auswahl der häufigsten Verben, die wie das Musterverb links konjugiert werden.

(11) Besonderheiten: Hier erhalten Sie noch eine Erklärung zu Besonderheiten bei Konjugation oder Gebrauch dieser Verben.

(12) Tipp: Hier finden Sie weiterführende Tipps, die Ihnen das Lernen der Verben erleichtern sollen.

(13) Eigene Notizen: Hier haben Sie Platz für Ihre eigenen Notizen, um z. B. die Tipps gleich umzusetzen, oder um weitere Verben oder nützliche Wendungen zu notieren.

In der alphabetischen Verbliste am Ende des Buches finden Sie weitere regelmäßige und unregelmäßige Verben mit Verweis auf das Konjugationsmuster, nach dessen Vorbild die Formen des gesuchten Verbs gebildet werden. Zusätzlich informiert Sie diese Liste über die Verwendung von **avere** und **essere**.

Übrigens: Die Grammatik bietet Ihnen einen systematischen Überblick über die Zeiten und Modi. Ab Seite 168 helfen Ihnen nochmals zahlreiche Beispielsätze bei der Wahl der richtigen Präpositionen für die häufigsten italienischen Verben. Und ab Seite 175 können Sie die gelernten Verben üben und Ihr Wissen testen.

Lerntipps: So lernen Sie Verbkonjugationen

Mehrmals abschreiben

Haben Sie mit einer Konjugation Schwierigkeiten, dann schreiben Sie das Verb mehrmals ab, das hilft sich die Formen einzuprägen. Markieren Sie dann die Endungen und Besonderheiten einzelner Verbformen farbig.

Ähnliche Verben

Viele unregelmäßige Verben werden ähnlich konjugiert. Lernen Sie diese immer gemeinsam!

Tonfall ändern

Merken Sie sich die Verbformen in Beispielsätzen und sprechen Sie die konjugierten Formen mit dem zum Verb passenden Tonfall. Das Verb *hassen* sprechen Sie dann natürlich völlig anders als z. B. das Verb *lieben*.

Beispielsätze

Neue Wendungen und Verben können Sie effektiver lernen, indem Sie versuchen, sie in Beispielsätzen zu gebrauchen.
Am Besten ist ein Zusammenhang, der mit Ihrem eigenen Leben zu tun hat, denn das können Sie sich am besten merken.
Sie können zum Beispiel Ihre morgendlichen Aktivitäten durchgehen.

Textstellen markieren

Das Markieren von Textstellen oder Wörtern ermöglicht es, verschiedene Aspekte einer Fremdsprache gezielt zu üben. So können Sie zum Beispiel eine Zeitform, die Sie gerade gelernt haben, im Text markieren und in den unterschiedlichen Zusammenhängen lernen.

Synonyme und Antonyme

Erweitern Sie schnell Ihren Wortschatz, indem Sie Verben immer gleich mit dem Gegenteil (z. B. *nehmen ≠ geben*), oder mit einem Synonym (z. B. *nehmen = ergreifen*) lernen.

Verben + Präposition

Wenn ein Verb eine bestimmte Präposition braucht, dann lernen Sie diese immer mit - am besten in einem Satz.

Mehrmals pro Woche lernen

Setzen Sie sich beim Sprachenlernen realistische Ziele. Es braucht Zeit, eine Sprache zu lernen - also nehmen Sie sich nicht zu viel vor! Besser Sie lernen mehrmals pro Woche eine halbe Stunde, als nur einmal 5 Stunden.

Vokabelkärtchen

Auch Verbformen können wie Vokabeln mit Vokabelkärtchen gelernt werden. Schreiben Sie sich dazu je eine Verbform auf ein Kärtchen und den Infinitiv mit Beschreibung der Verbform auf die Rückseite. Sie müssen dabei nicht alle Verbformen verwenden – wählen Sie einfach die aus, die am häufigsten sind, und die, die Ihnen am schwersten fallen. Testen Sie nun Ihre Kenntnisse, indem Sie immer die Seite mit dem Infinitiv ansehen und die passende Form dazu bilden. Zur Kontrolle können Sie sie eine Woche später wieder anschauen und gegebenenfalls wiederholen.
Wenn Sie Schwierigkeiten haben, sich die Bedeutung eines Wortes, einer Wendung oder einer Formulierung zu merken, können Sie auch diese auf die Rückseite der Karte schreiben.

Vorsingen

Wenn Sie musikalisch sind, hilft es Ihnen vielleicht, wenn Sie kleine Melodien erfinden und sich die Konjugationsmuster oder die Formen mit den Stammvokalwechseln vorsingen. Experimentieren Sie mit Tonhöhe und Rhythmus, oder probieren Sie einen Rap – so prägen Sie sich vor allem häufige Muster gut ein.

Sich aufnehmen

Wenn Sie zu den Menschen gehören, die gut durch Hören lernen können, dann hören Sie sich selbst zu!
Nehmen Sie sich beim Sprechen der Verbkonjugationen auf – zum Beispiel mit einem Diktiergerät oder am PC – und hören Sie sich immer wieder an. Sie können bei der Aufnahme auch Pausen machen, in denen Sie das Gehörte dann noch zusätzlich nachsprechen können.

Würfeln

Trainieren Sie die Konjugationen unregelmäßiger Verben, indem Sie würfeln. Sie brauchen dazu zwei sechsseitige Würfel. Einen Würfel müssen Sie ein bisschen präparieren und auf jede Würfelseite ein Stück Papier mit einer anderen Zeitform kleben. Denken Sie sich nun ein unregelmäßiges Verb und würfeln Sie mit beiden Würfeln. Der normale Würfel gibt die Person vor (z. B. 1 - *ich*; 2 - *du*; 3 - *er, sie, es*; 4 - *wir*; 5 - *ihr*; 6 - *sie*), der Zeitenwürfel die entsprechende Zeitform. Bilden Sie die korrekte Form und auf zur nächsten Runde!

Memory

Basteln Sie Memory-Kärtchen! Die Paare können aus *Infinitiv- und Partizipformen oder aus Präsens- und Vergangenheitsformen* etc. bestehen, je nachdem, was Sie besonders üben wollen. Vielleicht finden Sie noch weitere Sprachenlerner zum Mitspielen.

Grammatikbegriffe im Überblick

Italienisch	*Latein*	*Deutsch*
accentazione	–	Betonung
condizionale passato	Konditional II	Bedingungsform II
condizionale presente	Konditional I	Bedingungsform I
congiuntivo	Konjunktiv	Möglichkeitsform
coniugazione	Konjugation	Beugung des Zeitworts
desinenza	–	Endung
femminile	feminin	weiblich
futuro anteriore	Futur II	vollendete Zukunft
futuro semplice	Futur I	unvollendete Zukunft
gerundio	Gerundium	Verlaufsform
imperativo	Imperativ	Befehlsform
imperfetto	Imperfekt	unvollendete Vergangenheit
indicativo	Indikativ	Wirklichkeitsform
infinito	Infinitiv	Grundform des Zeitworts
maschile	maskulin	männlich
participio passato	Partizip Perfekt	Mittelwort der Vergangenheit
passato prossimo	Perfekt	vollendete Gegenwart
passato remoto	historisches Perfekt	historische Vergangenheit
passivo	Passiv	Leideform
plurale	Plural	Mehrzahl
preposizione	Präposition	Verhältniswort
presente	Präsens	Gegenwart
pronome personale	Personalpronomen	persönliches Fürwort
sillaba	–	Silbe
singolare	Singular	Einzahl
soggetto	Subjekt	Satzgegenstand
tempo composto	–	zusammengesetzte Zeit
tempo semplice	–	einfache Zeit
trapassato prossimo	Plusquamperfekt	Vorvergangenheit
trapassato remoto	Plusquamperfekt	Vorvergangenheit
verbo	Verb	Zeitwort
verbo ausiliare	Hilfsverb	Hilfszeitwort
verbo irregolare	unregelmäßiges Verb	unregelmäßiges Zeitwort
verbo regolare	regelmäßiges Verb	regelmäßiges Zeitwort
verbo riflessivo	reflexives Verb	rückbezügliches Zeitwort

Die Formen der regelmäßigen Verben

Im Italienischen unterscheidet man drei Konjugationen:
1. Konjugation: die Verben auf -are (am**are**)
2. Konjugation: die Verben auf -ere (vend**ere**)
3. Konjugation: die Verben auf -ire (sent**ire**)

Vergessen Sie bitte nicht: Im Italienischen sind Subjektpronomen nicht obligatorisch, außer wenn sie betont sind! Aus der Endung des Verbs ist die Person ersichtlich. Das bedeutet jedoch, dass Sie die Endungen besonders aufmerksam lernen müssen.

Abito a Roma.	*Ich wohne in Rom.*
Studia greco.	*Er/Sie studiert Griechisch.*

Die Höflichkeitsform ist die 3. Person Singular in der Einzahl (Lei) und meist die 2. Person Plural in der Mehrzahl (voi). Bei formeller Ausdrucksweise wird auch die 3. Person Plural (loro) benutzt.

Besonderheiten bei den Verben auf -are

1. Verben auf -care und -gare		2. Verben auf -iare		3. Verben auf -ciare, -giare	
cercare	pagare	studiare	inviare	cominciare	mangiare
cerco cerchi cerca cerchiamo cercate cercano	pago paghi paga paghiamo pagate pagano	studio studi studia studiamo studiate studiano	invio invii invia inviamo inviate inviano	comincio cominci comincia cominciamo cominciate cominciano	mangio mangi mangia mangiamo mangiate mangiano

Zu 1.
Bei Verben auf -care und -gare wird vor die Endung -e und -i ein -h- geschoben, damit die Aussprache erhalten bleibt.

Zu 2.
Bei Verben auf -iare entfällt das -i- vor einer Endung mit -i. Wenn das -i- des Stammes betont ist (wie bei inviare), bleibt es jedoch erhalten.

Zu 3.
Bei Verben auf -ciare und -giare entfällt das -i- auch vor einer Endung mit -e (also im Futuro semplice!).

Nur vier Verben auf -are sind unregelmäßig: andare, dare, stare, fare.

Besonderheiten bei den Verben auf -ere

vincere *siegen*	vinco vinci vince vinciamo vincete vincono	conoscere *kennen*	conosco conosci conosce conosciamo conoscete conoscono	leggere *lesen*	leggo leggi legge leggiamo leggete leggono
	vinca		conosca		legga

Bei den Verben auf -cere und -gere hängt die Aussprache von c und g vom nachfolgenden Vokal ab; wenn ein -e oder ein -i folgt, wird es weich ausgesprochen (wie in *Matsch* bzw. *Gin*), ansonsten hart (wie in *Koffer* bzw. *Gast*).

Passato remoto der regelmäßigen Verben auf -ere

vendere *verkaufen*	vendei *oder* vendetti vendesti vendé *oder* vendette vendemmo vendeste venderono *oder* vendettero

Das Passato remoto der Verben auf -ere ist meist unregelmäßig. Die wenigen regelmäßigen Verben haben im Passato remoto in der 1. Person Singular und in der 3. Person im Singular und Plural zwei Formen. Die Langformen auf -etti, -ette, -ettero werden häufiger verwendet.

Bei Verben, deren Stamm auf -t endet (wie potere), werden nur die Kurzformen verwendet:
potei, poté, poterono.

Besonderheiten bei den Verben auf -ire

Ein Musterverb für die Verben auf -ire ist sentire.

Nicht alle Verben auf -ire werden jedoch wie sentire konjugiert. Sehr viele dieser Verben haben eine Stammerweiterung, und haben in manchen Zeiten und Personen die Buchstaben -isc- vor der Endung. In der folgenden Tabelle finden Sie die davon betroffenen Formen:

	io	tu	lui	noi	voi	loro
Indicativo presente	finisco	finisci	finisce	finiamo	finite	finiscono
Congiuntivo Presente	finisca	finisca	finisca	finiamo	finiate	finiscano
Imperativo		finisci!	finisca!	finiamo!	finite!	

Orthographische Besonderheiten

Zahlreiche italienische Verben weisen regelmäßige orthographische Veränderungen auf, damit die Aussprache der Grundform beibehalten werden kann:

Bei Verben, die auf -care und -gare enden, wird vor den Endungen -e und -i ein -h eingefügt, d. h. also: c wird ch und g wird gh.

cer**care**	cerco, cer**chi**, cerca, cer**ch**iamo, ...
pa**gare**	pago, pa**ghi**, paga, pa**gh**iamo, ...

Verben auf -ciare, -giare und -sciare verlieren das -i- ihres Stamms vor Endungen, die mit -i oder -e anfangen.

ba**ciare**	bac**i**, bac**iamo**, ...
man**giare**	mang**erò**, mang**erai**, ...
la**sciare**	lasc**iamo**, lasc**erete**, ...

Bei Verben auf -iare entfällt das unbetonte -i- vor dem -i der Endung.

stud**iare**	studio, st**u**d**i**, studia, stud**iamo**, ...

Das betonte -i- bleibt jedoch erhalten.

avv**iare**	avvio, avv**ii**, avvia, avv**iino**, ...

Achtung! Bei Verben auf -cere und -gere variiert die Aussprache von -c- und -g- je nach der Endung, es wird also kein Buchstabe eingefügt oder geändert.

vin**cere**	vin**c**o, vin**c**i, vin**c**e, vin**c**iamo, ...
leg**gere**	leg**g**o, leg**g**i, leg**g**e, leg**g**iamo, ...

Doch keine Regel ohne Ausnahme: Bei cuocere wird die Aussprache der Grundform beibehalten und daher vor -a und -o ein -i- eingeschoben, d. h. also: c wird ci.

cuo**cere**	cuo**ci**o, cuoci, cuoce, cuo**ci**amo, ...

Aber: Verben auf -cere, die das Participio passato regelmäßig auf -uto bilden, erhalten vor dieser Endung zusätzlich ein -i-.

pia**cere**	pia**ci**uto
conos**cere**	conos**ci**uto

Bei Verben, die auf -cire enden, wird vor den Endungen -a und -o ein -i- eingeschoben, d.h. also: c wird ci.

cu**cire**	cuc**i**o, cuci, cuc**i**ono, ...

Achtung! Bei Verben auf -gire wird die Aussprache von -g- durch die Endung bestimmt, d. h. es erfolgt keine Änderung.

fug**gire**	fug**g**o, fug**g**i, fug**g**e, ...

Das reflexive Verb

Es gibt reflexive Verben auf -are, -ere und -ire; ihre Konjugation richtet sich nach den allgemeinen Regeln, allerdings mit zwei wichtigen Unterschieden:

1. Die Reflexivpronomen mi, ti, si, ci, vi, si stehen immer beim Verb, und zwar in der Regel vor dem Verb.

2. Reflexive Verben werden in den zusammengesetzten Zeiten immer mit essere konjugiert. Das Partizip richtet sich dabei in Geschlecht und Zahl nach dem Subjekt.

Wenn ein reflexives Verb zusammen mit einem Modalverb (volere, potere, dovere) auftritt, steht:

1. als Hilfsverb essere, wenn das Reflexivpronomen vor dem konjugierten Verb steht:
   Mi sono dovuta lavare. — *Ich musste mich waschen.*

2. als Hilfsverb avere, wenn das Reflexivpronomen an den Infinitiv angehängt wird:
   Ho dovuto lavarmi. — *Ich musste mich waschen.*

Die Hilfsverben

Mit den Hilfsverben essere und avere werden die zusammengesetzten Zeiten gebildet.

Mit avere werden verbunden:

- alle transitiven Verben (Verben mit einem direkten Objekt)
  Ho mangiato una pizza. — *Ich habe eine Pizza gegessen.*

- manche intransitive Verben (Verben ohne direktes Objekt)
  Ha riso. — *Er hat gelacht.*

- folgende Verben – im Gegensatz zum Deutschen:

camminare	*entlang gehen*
girare	*ziehen* (im Sinne von *wandern*)
nuotare	*schwimmen*
passeggiare	*spazieren gehen*
sciare	*Ski fahren*
viaggiare	*reisen*

  Ein Beispiel:
  Hai viaggiato molto? — *Bist du viel gereist?*

Mit essere werden verbunden:

- die meisten Verben, die eine Bewegung, einen Wechsel oder das Beibehalten eines Zustands bezeichnen (wie im Deutschen), wie z. B. andare *(gehen)*, cadere *(fallen)*, diventare *(werden)*, entrare *(betreten)*, morire *(sterben)*, nascere *(geboren werden)*, rimanere *(bleiben)*.

- reflexive (und reflexiv gebrauchte) Verben
  Mi sono lavata i capelli. — *Ich habe mir die Haare gewaschen.*
  Si è mangiato tutta la torta. — *Er hat den ganzen Kuchen gegessen.*

- unpersönliche und unpersönlich gebrauchte Verben
  E' piovuto tutta la notte. — *Es hat die ganze Nacht geregnet.*
  E' successo di tutto. — *Es ist alles Mögliche passiert.*
  Si è discusso a lungo. — *Man hat lange diskutiert.*

- Die Verben, die die Wetterlage ausdrücken, werden in der Umgangssprache oft mit avere verbunden:
  Stanotte è / ha nevicato. — *Heute Nacht hat es geschneit.*

- die Modalverben dovere, potere, volere, wenn auf sie ein Verb folgt, das essere verlangt:
  Non sono potuta venire. — *Ich konnte nicht kommen.*

- Mit dovere, potere und volere wird in der Umgangssprache häufig auch avere benutzt:
  Non ho potuto venire. — *Ich konnte nicht kommen.*

- im Gegensatz zum Deutschen werden folgende Verben mit essere verbunden:

bastare	*reichen, genügen*
costare	*kosten*
dispiacere	*Leid tun*
durare	*dauern*
esistere	*existieren*
parere	*scheinen*
piacere	*gefallen*
servire	*nützen, dienen*

  Ein Beispiel:
  Il film è durato tre ore. — *Der Film hat drei Stunden gedauert.*

Bei der Bildung mit essere richtet sich das Partizip in Geschlecht und Zahl nach dem Subjekt.

Der Indikativ

Der Indikativ wird meist gebraucht, wenn ein Geschehen als wahr dargestellt wird. Im Indikativ können drei Zeitstufen unterschieden werden:

Vorzeitigkeit	*Gleichzeitigkeit*	*Nachzeitigkeit*
Passato prossimo Imperfetto Passato remoto Trapassato prossimo Trapassato remoto	Presente	Futuro semplice Futuro anteriore

Das Presente

Das Präsens wird gebildet aus dem Stamm des Verbs + folgenden Endungen:
Verben auf -are: -o, -i, -a, -iamo, -ate, -ano
Verben auf -ere: -o, -i, -e, -iamo, -ete, -ono
Verben auf -ire: -o, -i, -e, -iamo, -ite, -ono

Das Presente (Präsens) wird benutzt für:

1. Zustände oder Handlungen,
- die sich in der Gegenwart abspielen:
  Oggi piove. — *Heute regnet es.*
- die bis in die Gegenwart dauern:
  Abito a Pisa da cinque anni. — *Ich wohne seit fünf Jahren in Pisa.*

2. Gewohnheiten:
   La sera mi piace leggere un libro. — *Abends lese ich gerne ein Buch.*

3. zeitlos gültige Feststellungen:
   Lavorare stanca. — *Arbeiten ermüdet.*

4. eine zukünftige Handlung, die als sicher angesehen wird:
   Domani parto. — *Morgen fahre ich weg.*

5. historisches Presente, von der Vergangenheit wird berichtet, als ob es Gegenwart wäre; dient dazu dramatisch / lebhaft zu erzählen:
   Nel 1969 Neil Armstrong sbarca sulla luna. — *1969 landet Neil Armstrong auf dem Mond.*

Das Passato prossimo

Das Passato prossimo (Perfekt) wird gebildet aus einer Präsensform des Hilfsverbs (essere oder avere) und dem Partizip Perfekt.

Das Passato prossimo (Perfekt) bezeichnet:

1. vergangene Handlungen, deren Folgen noch in der Gegenwart andauern:
   Gino mi ha scritto una lettera; devo rispondergli. — *Gino hat mir einen Brief geschrieben; ich muss ihm darauf antworten.*
2. Handlungen, die gerade eben passiert sind:
   Siamo appena arrivati. — *Wir sind gerade angekommen.*
3. Handlungen, die sich in einem Zeitraum abgespielt haben, der noch andauert:
   Che cosa hai fatto oggi? — *Was hast du heute gemacht?*
4. in manchen Fällen Handlungen, die in der Zukunft abgeschlossen werden (anstelle des Futuro anteriore):
   Alle tre ho finito e passo a prenderti. — *Um drei bin ich fertig, ich hole dich dann ab.*

Das Passato remoto

Das Passato remoto (historisches Perfekt) wird gebildet aus dem Stamm des Verbs + folgenden Endungen:
Verben auf -are: -ai, -asti, -ò, -ammo, -aste, -arono
Verben auf -ere: -ei, -esti, -é, -emmo, -este, -erono
Die 1. und 3. Person Singular und die 3. Person Plural der Verben auf -ere haben auch noch eine Langform auf -etti, -ette und -ettero.
Verben auf -ire: -ii, -isti, -ì, -immo, -iste, -irono

Das Passato remoto (historisches Perfekt) bezeichnet einen in der Vergangenheit abgeschlossenen Vorgang, unabhängig von seinen Auswirkungen auf die Gegenwart. Die Dauer oder Häufigkeit des Vorgangs ist dabei nicht von Belang:

Petrarca visse ad Avignone. — *Petrarca lebte in Avignon.*
Manzoni morì nel 1873. — *Manzoni starb 1873.*

Der Unterschied zwischen Passato remoto und Passato prossimo besteht im unterschiedlichen Grad der „Gegenwartsnähe": Während das Passato prossimo die „Aktualität" von Handlungen unterstreicht, rückt sie das Passato remoto in eine entferntere Vergangenheit. Vergleichen Sie die folgenden zwei Beispiele:

Italo Svevo ha scritto "La Coscienza di Zeno".	*Italo Svevo hat „La Coscienza di Zeno" geschrieben.*

Passato prossimo: Betonung liegt auf Aktualität. Svevo ist der Autor des Buches, das Buch gibt es, wir können es heute lesen.

Italo Svevo scrisse "La Coscienza di Zeno" dal 1919 al 1923.	*Italo Svevo schrieb „La Coscienza di Zeno" von 1919 bis 1923.*

Passato remoto: Anfang und Ende der Handlung stehen im Vordergrund, die Handlung ist in der Vergangenheit abgeschlossen.

In der gesprochenen Sprache wird in Norditalien das Passato prossimo immer mehr anstelle des Passato remoto verwendet; das Passato remoto wird weiterhin in der Schriftsprache benutzt, insbesondere als Erzählzeit. In Süditalien werden sowohl das Passato prossimo als auch das Passato remoto gebraucht mit der Tendenz, auch ganz nahe Ereignisse im Passato remoto wiederzugeben. Nur in Mittelitalien werden Passato prossimo und Passato remoto streng auseinandergehalten.

Das Imperfetto

Das Imperfetto (Imperfekt) wird gebildet aus dem Stamm des Verbs + folgenden Endungen:
Verben auf -are: -avo, -avi, -ava, -avamo, -avate, -avano
Verben auf -ere: -evo, -evi, -eva, -evamo, -evate, -evano
Verben auf -ire: -ivo, -ivi, -iva, -ivamo, -ivate, -ivano

Das Imperfetto (Imperfekt) bezeichnet:

1. vergangene Handlungen, Vorgänge oder Zustände, die als nicht abgeschlossen angesehen werden (Hintergrundschilderung):

Il cavallo galoppava nella foresta.	*Das Pferd lief im Galopp durch den Wald.*
Nevicava fitto fitto.	*Es schneite heftig.*
Mio fratello stava male.	*Meinem Bruder ging es schlecht.*

2. in der Vergangenheit regelmäßig wiederholte Handlungen:

Da piccola giocavo sempre fuori.	*Als ich klein war, spielte ich immer draußen.*

Weitere Verwendungen des Imperfetto:

3. abgeschwächte, höfliche Darstellung eines Anliegens / eines Einwandes / einer Absage:

Buongiorno, volevo parlare con Lucia.	*Guten Tag, ich wollte Lucia sprechen.*

4. umgangssprachlicher Ersatz für:
- das Condizionale passato

Potevi dirmelo. statt: Avresti potuto dirmelo.	*Das hättest du mir sagen können.*

- das Congiuntivo trapassato

Se venivi prima, ce la facevamo. statt: Se fossi venuto prima, ce l'avremmo fatta.	*Wärst du früher gekommen, hätten wir's geschafft.*

Gegenüberstellung von Imperfetto und Passato prossimo

1. Wenn mehrere Vorgänge in der Vergangenheit gleichzeitig nebeneinander verlaufen, ohne zu einem Abschluss zu kommen, so stehen sie alle im Imperfetto:

Mentre lavoravo, mio marito guardava la Formula Uno.	*Während ich arbeitete, sah sich mein Mann die Formel Eins an.*

2. Ist von zwei vergangenen Geschehen das eine noch im Verlauf, während das zweite einsetzt, so steht das erste im Imperfetto, und das zweite im Passato prossimo:

Mentre lavoravo, è suonato il telefono.	*Während ich arbeitete, hat das Telefon geklingelt.*

3. Wenn mehrere in sich abgeschlossene Vorgänge der Vergangenheit aufeinanderfolgen, stehen sie im Passato prossimo:

E' suonato il telefono, così mi sono alzata e ho alzato la cornetta.	*Das Telefon hat geklingelt, deshalb bin ich aufgestanden und habe den Hörer abgenommen.*

Hier noch eine kleine Hilfe, welche Zeitform Sie wann benutzen:
Als Begleitumstände zählen Beschreibungen, Kommentare, Erklärungen, Begründungen, Absichten usw. Sie müssen zeitlich ohne Begrenzung dargestellt sein. Dann wird das Imperfetto benutzt.
Die Ereignisse der Handlungskette werden oft durch Signalwörter wie improvvisamente, allora, poi, usw. angezeigt. Zur Darstellung der Handlungskette wird das Passato prossimo verwendet.

Bei einigen Verben ergibt sich ein Bedeutungsunterschied, je nachdem, ob sie im Imperfetto oder im Passato prossimo stehen (im Deutschen wird es durch zwei verschiedene Verben wiedergegeben):

avere	Avevo paura.	*Ich hatte Angst.*
	Ho avuto paura.	*Ich bekam Angst.*
conoscere	Lo conoscevo dal 1975.	*Ich kannte ihn seit 1975.*
	L'ho conosciuto nel 1975.	*Ich habe ihn 1975 kennen gelernt.*

sapere	Lo sapevi?	*Wusstest du das?*
	Da chi l'hai saputo?	*Von wem hast du das erfahren?*
sentirsi	Si sentiva male.	*Er fühlte sich schlecht.*
	Si è sentito male.	*Es wurde ihm schlecht.*

Das Futuro und das Futuro anteriore

Das Futuro (Futur I) wird gebildet aus dem Infinitiv des Verbs ohne -e + folgenden Endungen: -ò, -ai, -à, -emo, -ete, -anno.
Dabei wird jedoch bei den Verben auf -are das -a- zu einem -e-, also trovare - troverò.

Das Futuro (Futur I) wird verwendet, um

1. Handlungen oder Zustände auszudrücken, die in der Zukunft liegen:
   Arriverò domani. *Ich werde morgen ankommen.*
2. eine Vermutung auszudrücken:
   Il mio dentista avrà quarant'anni. *Mein Zahnarzt dürfte 40 Jahre alt sein.*
3. einen Befehl auszudrücken:
   Farai quello che dico io! *Du wirst tun, was ich dir sage!*

Das Futuro anteriore (Futur II) wird gebildet aus einer Futurform des Hilfsverbs (essere oder avere) und dem Partizip Perfekt.

Das Futuro anteriore (Futur II) bezeichnet:

1. Handlungen oder Zustände, die vor anderen Handlungen in der Zukunft stattfinden (eine Art „Vergangenheit in der Zukunft"):
   Quando lo avrai visto, capirai perché dico questo. *Wenn du ihn gesehen hast, wirst du verstehen, warum ich das sage.*
   Ti telefonerò appena sarò arrivato. *Ich rufe dich an, sobald ich angekommen bin.*

   In der Umgangssprache wird in diesen Fällen häufig auch das einfache Futuro gebraucht, oder - im Zusammenhang mit dem als Futuro gebrauchten Presente - das Passato prossimo:

Futuro	Ti telefonerò	*Ich werde dich anrufen,*
Futuro anteriore	appena sarò arrivato.	*sobald ich angekommen bin.*
Futuro	Ti telefonerò	*Ich werde dich anrufen,*
Futuro	appena arriverò.	*sobald ich ankomme.*
Presente	Ti telefono	*Ich rufe dich an,*
Passato prossimo	appena sono arrivato.	*sobald ich angekommen bin.*

2. eine Vermutung in der Vergangenheit:
   Saranno state le otto. — *Es wird 8 Uhr gewesen sein.*

Der Imperativo – Die Befehlsform

Zu den Formen des Imperativs.

- Alle Imperativformen stimmen mit den Präsensformen überein, außer den Verben auf -are, die den Imperativ der 2. Person Singular auf -a bilden (z. B. mangia!, studia!).
- Der verneinte Imperativ der 2. Person Singular wird mit non + Infinitiv gebildet, z. B.:
  Non fumare! — *Rauche nicht!*
  Non parlare! — *Sprich nicht!*
- Der Imperativ der Höflichkeitsform stammt aus den Formen des Congiuntivo presente:
  Congiuntivo: Vuole che vada via. — *Er will, dass ich weg gehe.*
  Imperativo: (Lei) vada via! — *Gehen Sie weg!*

Das Condizionale

Das Condizionale (Konditional I) wird gebildet aus dem Infinitiv des Verbs ohne -e + folgenden Endungen: -ei, -esti, -ebbe, -emmo, -este, -ebbero.
Dabei wird jedoch bei den Verben auf -are das -a- zu einem e, also trovare – troverei.

Das Condizionale passato (Konditional II) wird gebildet aus einer Konditionalform des Hilfsverbs (essere oder avere) und dem Partizip Perfekt.

Das Condizionale (Konditional I) wird verwendet:

1. in Bedingungssätzen, um etwas Mögliches oder Irreales auszudrücken:
   Se fossi ricchissima, viaggerei molto. — *Wenn ich sehr reich wäre, würde ich viel verreisen.*
2. als Condizionale passato (Konditional II) in der indirekten Rede, um die Nachzeitigkeit zu bezeichnen (Zukunft in der Vergangenheit):
   Disse che l'avrebbe fatto subito. — *Er sagte, er würde es gleich tun.*
3. zum Ausdruck eines Wunsches:
   Vorrei andare in Australia. — *Ich würde gerne nach Australien fliegen.*
4. zum Ausdruck einer höflichen Bitte oder Aufforderung:
   Ti dispiacerebbe aprire la porta? — *Würde es dir etwas ausmachen, die Tür zu öffnen?*

5. zur Abschwächung von Aussagen:
   Secondo me sarebbe il caso di scusarsi. — *Meiner Meinung nach wäre es angebracht, sich zu entschuldigen.*
6. zur vorsichtigen Wiedergabe von Nachrichten:
   Secondo alcune indiscrezioni, il presidente sarebbe stato visto in un locale del centro. — *Nach Indiskretionen sei der Präsident in einem Lokal in der Stadtmitte gesehen worden.*
7. zum Ausdruck einer gewissen Skepsis:
   E quanto hai detto che costerebbe? — *Und was hast du gemeint, was es kosten soll?*

Der Congiuntivo

Während der Indikativ ein Geschehen als wahr und objektiv darstellt, tritt mit dem Congiuntivo (Konjunktiv) die Subjektivität in den Vordergrund!

Indicativo	
Carlo è malato.	*Carlo ist krank.*
Congiuntivo	
Mi dispiace che Carlo sia malato. Temo che Carlo sia malato.	*Es tut mir Leid, dass Carlo krank ist.* *Ich fürchte, dass Carlo krank ist.*

Der Congiuntivo wird gebildet aus dem Stamm des Verbs + folgenden Endungen:
Verben auf -are: -i, -i, -i, -iamo, -iate, -ino
Verben auf -ere und -ire: -a, -a, -a, -iamo, -iate, -ano

Der Congiuntivo (Konjunktiv) steht in Nebensätzen nach bestimmten Konjunktionen bzw. nach Verben, die einen Nebensatz mit che einleiten. Er wird von den Konjunktionen bzw. Ausdrücken automatisch ausgelöst. Er steht nach:

- Verben / Ausdrücke des Meinens und Glaubens
  Penso che l'Italia debba restare unita. — *Ich denke, dass Italien vereint bleiben sollte.*
- Verben / Ausdrücke der Willensäußerung / Hoffnung / Erlaubnis / Verbietens
  Voglio che lui mi dia una risposta. — *Ich möchte, dass er mir eine Antwort gibt.*
- Verben / Ausdrücke der Gefühlsäußerung
  Sono contenta che tu mi venga a trovare. — *Ich freue mich, dass du mich besuchst.*

- Verben / Ausdrücke des Zweifelns und der Unsicherheit
  Dubito che dica la verità. *Ich bezweifle, dass er die Wahrheit sagt.*
- Unpersönliche Verben / Ausdrücke
  Può darsi che io abbia ragione. *Es kann sein, dass ich Recht habe.*

Der Bedingungssatz

Im Italienischen wird die Konstruktion mit dem Bedingungssatz periodo ipotetico genannt. Die Konstruktion besteht aus dem durch se eingeleiteten Satz, der die Bedingung enthält, und dem Hauptsatz, in dem die Folge dargestellt wird. Im Deutschen entspricht dieser Konstruktion das Prinzip *wenn ..., dann ...* Je nachdem, wie wahrscheinlich die Bedingung und die Folge sind, werden unterschiedliche Zeitformen verwendet.

1. Reale Hypothese = Bedingung und Folge sind sehr wahrscheinlich.

se + Indikativ + Indikativ	
Se esco con questo tempo, mi ammalo / ammalerò.	*Wenn ich bei diesem Wetter ausgehe, werde ich krank (werden).*
se + Indikativ + Condizionale presente	
Se ti impegni di più, potresti -riuscirci.	*Wenn du dir mehr Mühe gibst, könntest du es schaffen.*
se + Indikativ + Imperativo	
Se esci, comprami le sigarette.	*Falls du ausgehst, kauf mir Zigaretten.*

2. Mögliche Hypothese = Bedingung und Folge sind zwar möglich, aber nicht sehr wahrscheinlich.

se + Congiuntivo imperfetto + Condizionale presente	
Se mangiassi regolarmente, non avresti mal di stomaco.	*Wenn du regelmäßig essen würdest, hättest du keine Magenschmerzen.*
se + Congiuntivo imperfetto + Imperativo	
Se ti sentissi male, telefonami.	*Falls es dir schlecht gehen sollte, ruf mich an.*

3. Irreale Hypothese = Bedingung und Folge sind unmöglich.

se + Congiuntivo imperfetto + Condizionale presente	
Se Monna Lisa vivesse nella nostra epoca, farebbe la fotomodella.	*Würde Mona Lisa heutzutage leben, wäre sie ein Model.*
se + Congiuntivo trapassato + Condizionale passato	
Se fosse stato al posto mio, non l'avrebbe fatto.	*Wenn er an meiner Stelle gewesen wäre, hätte er es nicht gemacht.*
se + Congiuntivo trapassato + Condizionale presente	
Se fossimo arrivati in tempo, i negozi sarebbero ancora aperti.	*Wenn wir rechtzeitig gekommen wären, wären die Läden noch offen.*

Das Gerundium

Das Gerundium wird folgendermaßen gebildet:

- bei Verben auf -are: Infinitivstamm + -ando.

  Beispiel: pensare: pens- + -ando = pensando
- bei Verben auf -ere und -ire: Infinitivstamm + -endo.

  Beispiel: vedere: ved- + -endo = vedendo
  sentire: sent- + -endo = sentendo

Das Gerundium wird benutzt, um Nebensätze zu verkürzen. Meist hat das Gerundium das gleiche Subjekt wie der Hauptsatz. Die Übersetzung dieser Konstruktion ins Deutsche hängt von der Funktion ab. Die Funktion des Gerundiums können Sie am besten aus dem Zusammenhang ableiten:

1. Betonung der Gleichzeitigkeit
   Uscendo di casa si è ricordato di aver dimenticato la borsa. — *Als er das Haus verließ, erinnerte er sich daran, dass er die Tasche vergessen hatte.*
2. Grund
   Essendo stanca, restò a casa. — *Da sie müde war, blieb sie zu Hause.*
3. Art und Weise, Mittel
   Sbagliando s'impara. — *Aus Fehlern lernt man.*
4. Bedingung, Voraussetzung
   Prendendo un taxi ce la facciamo. — *Wenn wir ein Taxi nehmen, schaffen wir es.*

5. Einräumung (mit pur!)
Pur avendo tempo, non avevo voglia di vederlo. — *Obwohl ich Zeit hatte, hatte ich keine Lust ihn zu sehen.*

6. Folge
La tazza mi è scivolata, rompendosi in mille pezzi. — *Die Tasse ist mir entglitten und in tausend Stücke zersprungen.*

Der Infinitiv

Der Infinitiv ohne Präposition

1. nach unpersönlichen Verben und Ausdrücken. Dazu gehören: basta, bisogna, conviene *(es ist besser)*, mi interessa, mi fa piacere, mi piace, è bene / meglio / possibile usw.

   E' interessante visitare chiese romaniche. — *Es ist interessant, romanische Kirchen zu besichtigen*

   E' un piacere incontrarti! — *Es ist eine Freude, dich zu treffen*

   Bisogna andarci. — *Man muss hingehen.*

2. nach che + Substantiv im Ausruf:
   Che bello rivederti! — *Wie schön, dich wieder zu sehen!*

3. nach den Verben amare, desiderare, intendere, osare, preferire:
   Amo bere il tè d'inverno. — *Ich liebe es, im Winter Tee zu trinken.*

Wie im Deutschen steht der Infinitiv ohne Präposition:

4. nach den Verben dovere, potere, sapere, volere, fare, lasciare:
   Non posso uscire, devo studiare. — *Ich kann nicht ausgehen, ich muss lernen.*

5. nach Verben der Wahrnehmung, z. B. vedere, sentire, guardare:
   Guardo mio figlio dormire. — *Ich schaue meinem Sohn beim Schlafen zu.*

Der Infinitiv steht darüber hinaus auch in den folgenden Fällen (die im Deutschen keine Entsprechung finden) ohne Präposition:

6. in emphatischen Aussagen und Fragesätzen:
   Io chiedergli scusa?! — *Ich soll mich entschuldigen?!*

7. in indirekten Fragesätzen:
   Non so come fare. — *Ich weiß nicht, wie ich es tun soll.*

8. in Relativsätzen zum Ausdruck einer Möglichkeit:
   Tutti hanno bisogno di qualcuno con cui parlare. — *Alle brauchen jemanden, mit dem sie reden können.*
9. in Arbeitsanweisungen und Aufforderungen:
   Leggere le avvertenze prima dell'uso. — *Vor der Benutzung die Gebrauchsanweisung lesen.*
10. im verneinten Imperativ der Du-Form:
    Non litigare con tuo fratello! — *Streite dich nicht mit deinem Bruder!*

Der Infinitiv mit di

Der Infinitiv mit di steht nach den Verben, die sonst ein direktes Objekt haben: Dazu gehören z. B.: ammettere di *(zugeben)*; aspettare di *(warten)*; credere di *(glauben)*; decidere di *(beschließen)*; dichiarare di *(erklären)*; dimenticare di *(vergessen)*; dire di *(sagen)*; evitare di *(vermeiden)*; finire di *(aufhören)*; giurare *(schwören)*; ricordare di *(sich erinnern)*; rifiutare di *(ablehnen)*; smettere di *(aufhören)*; sognare di *(träumen)*

Ho giurato di non venirci più. — *Ich habe mir geschworen, nicht mehr herzukommen.*

Mi ha detto di aver comprato una casa. — *Er hat mir gesagt, dass er ein Haus gekauft hat.*

Außerdem kann der Infinitiv mit di nach folgenden Verben stehen: dubitare di *(Bedenken haben)*; accusare di *(anklagen)*; pregare / chiedere / domandare di *(bitten)*; consigliare di *(raten)*; permettere di *(erlauben)*; proporre di *(vorschlagen)*; pentirsi di *(bereuen)*; vergognarsi di *(sich schämen)*

Der Infinitiv mit di steht auch nach den folgenden Ausdrücken:

- avere bisogno *(brauchen)*; avere tempo *(Zeit haben)*; avere voglia *(Lust haben)*; avere intenzione *(die Absicht haben)*; avere la possibilità *(die Möglichkeit haben)*; avere paura *(Angst haben)*; avere il coraggio *(den Mut haben)*; avere il dovere *(die Pflicht haben)*; avere il diritto *(das Recht haben)*

  Ho voglia di andare a teatro. — *Ich habe Lust, ins Theater zu gehen.*

- mit **essere**:
  essere capace *(fähig sein)*; essere certo / sicuro *(sicher sein)*; essere contento / felice *(froh sein)*; essere convinto *(überzeugt sein)*; essere fiero / orgoglioso *(stolz sein)*; essere libero *(frei sein)*; essere stanco *(es satt haben)*

  Sono stanco di sopportare questi rumori. — *Ich habe es satt, diese Geräusche zu ertragen.*

Der Infinitiv mit a

Der Infinitiv mit a steht:

1. nach Verben der Bewegung (andare, venire usw.) und des Bleibens (stare, rimanere usw.):

Andiamo a mangiare.	*Gehen wir essen.*
Rimaniamo a chiacchierare.	*Plaudern wir noch eine Weile.*

2. nach folgenden Verben:
   abituarsi *(sich gewöhnen)*; aiutare *(helfen)*; cominciare *(anfangen)*; continuare *(weitermachen)*; convincere *(überzeugen)*; costringere / obbligare *(zwingen)*; divertirsi *(Spaß haben)*; imparare *(lernen)*; invitare *(auffordern)*; prepararsi *(sich vorbereiten)*; provare a *(versuchen)*; rinunciare *(verzichten)*; riuscire *(es fertig bringen)*

Sei riuscito a vederlo?	*Hast du es geschafft, ihn zu treffen?*

3. nach manchen Adjektiven, wie z. B.:
   abituato *(gewohnt)*, adatto *(geeignet)*, deciso *(entschlossen)*, disposto / pronto *(bereit)*:

Sei pronto ad affrontare tutte le difficoltà?	*Bist du bereit, alle Schwierigkeiten zu meistern?*

4. nach avere difficoltà und fare fatica:

Ho difficoltà / faccio fatica a capirlo.	*Ich habe Mühe, ihn zu verstehen.*

Der Infinitiv mit da

Der Infinitiv mit da steht:

1. zur Angabe der Bestimmung (vor allem nach che cosa, qualcosa, niente, molto, tanto, poco), des Zwecks oder der Notwendigkeit:

Ho tanto da fare.	*Ich habe viel zu tun.*
Dammi qualcosa da bere.	*Gib mir etwas zu trinken*

2. zur Angabe der Folge (così / tanto + Adjektiv / Adverb):

Chi è cosi gentile da aiutarmi?	*Wer ist so nett und hilft mir?*

3. nach essere mit passivischer Bedeutung:

Questo progetto è ancora da approvare.	*Dieser Entwurf muss noch genehmigt werden.*

1 essere

sein

Indicativo

Presente	Passato prossimo	
sono	sono	stato
sei	sei	stato
è	è	stato
siamo	siamo	stati
siete	siete	stati
sono	sono	stati

Imperfetto	Trapassato prossimo	
ero	ero	stato
eri	eri	stato
era	era	stato
eravamo	eravamo	stati
eravate	eravate	stati
erano	erano	stati

Passato remoto	Trapassato remoto	
fui	fui	stato
fosti	fosti	stato
fu	fu	stato
fummo	fummo	stati
foste	foste	stati
furono	furono	stati

Futuro semplice	Futuro anteriore	
sarò	sarò	stato
sarai	sarai	stato
sarà	sarà	stato
saremo	saremo	stati
sarete	sarete	stati
saranno	saranno	stati

Congiuntivo

Presente
sia
sia
sia
siamo
siate
siano

Imperfetto
fossi
fossi
fosse
fossimo
foste
fossero

Passato	
sia	stato
sia	stato
sia	stato
siamo	stati
siate	stati
siano	stati

Trapassato	
fossi	stato
fossi	stato
fosse	stato
fossimo	stati
foste	stati
fossero	stati

Condizionale

Presente
sarei
saresti
sarebbe
saremmo
sareste
sarebbero

Passato	
sarei	stato
saresti	stato
sarebbe	stato
saremmo	stati
sareste	stati
sarebbero	stati

Imperativo

—	
(tu)	sii
(Lei)	sia
(noi)	siamo
(voi)	siate
(loro)	siano

Gerundio

Presente	Passato
essendo	essendo stato

Infinito

Passato
essere stato

Participio

Passato
stato

Beispiele und Wendungen

Paolo è un ragazzo molto simpatico.
Paolo ist ein sehr sympathischer Junge.

essere felice	*glücklich sein*
c'è / ci sono	*es gibt, da ist / sind*
essere di Modena	*aus Modena sein*

Besonderheiten

Verben, die kein direktes Objekt haben, bilden die zusammengesetzten Zeiten im Allgemeinen mit dem Hilfsverb essere. Dazu zählen z. B.: andare, venire, entrare, scendere, salire, uscire, diventare, morire, dimagrire. Außerdem auch die Verben: essere, stare, restare.

Aber:

Sono corso a casa.	*Ich bin nach Hause gerannt.* (mit Zielangabe)
Oggi ho corso molto.	*Ich bin heute viel gerannt.* (ohne Zielangabe)

Das Partizip Perfekt muss bei der Bildung mit essere dem Subjekt in Genus und Numerus angeglichen werden:

Luigi è venuto.	*Luigi ist gekommen.*
Anna è uscita.	*Anna ist ausgegangen.*

Alle reflexiven Verben bilden die zusammengesetzten Zeiten mit essere:

Laura si è vestita.	*Laura* hat *sich angezogen.*

Tipp

Der Gebrauch von essere bei der Bildung des Passato prossimo entspricht weitgehend der Verwendung von *sein* bei der Perfektbildung im Deutschen.

Eigene Notizen:

avere

haben

Unregelmäßiges Hilfsverb

Indicativo

Presente	Passato prossimo	Imperfetto	Trapassato prossimo
ho	ho avuto	avevo	avevo avuto
hai	hai avuto	avevi	avevi avuto
ha	ha avuto	aveva	aveva avuto
abbiamo	abbiamo avuto	avevamo	avevamo avuto
avete	avete avuto	avevate	avevate avuto
hanno	hanno avuto	avevano	avevano avuto

Passato remoto	Trapassato remoto	Futuro semplice	Futuro anteriore
ebbi	ebbi avuto	avrò	avrò avuto
avesti	avesti avuto	avrai	avrai avuto
ebbe	ebbe avuto	avrà	avrà avuto
avemmo	avemmo avuto	avremo	avremo avuto
aveste	aveste avuto	avrete	avrete avuto
ebbero	ebbero avuto	avranno	avranno avuto

Congiuntivo

Presente	Imperfetto	Passato	Trapassato
abbia	avessi	abbia avuto	avessi avuto
abbia	avessi	abbia avuto	avessi avuto
abbia	avesse	abbia avuto	avesse avuto
abbiamo	avessimo	abbiamo avuto	avessimo avuto
abbiate	aveste	abbiate avuto	aveste avuto
abbiano	avessero	abbiano avuto	avessero avuto

Condizionale

Presente	Passato
avrei	avrei avuto
avresti	avresti avuto
avrebbe	avrebbe avuto
avremmo	avremmo avuto
avreste	avreste avuto
avrebbero	avrebbero avuto

Imperativo

—	
(tu)	abbi
(Lei)	abbia
(noi)	abbiamo
(voi)	abbiate
(loro)	abbiano

Gerundio

Presente: avendo

Passato: avendo avuto

Infinito

Passato: avere avuto

Participio

Passato: avuto

Beispiele und Wendungen

Giovanna ha una sorella e due fratelli.
Giovanna hat eine Schwester und zwei Brüder.

avere ... anni	*... Jahre alt sein*
avere fame / sete	*Hunger / Durst haben*
avere mal di testa	*Kopfschmerzen haben*
avere da fare qc	etw. *zu tun haben*
Che cosa hai?	*Was hast du? Was ist los mit dir?*
Quanti ne abbiamo oggi?	*Der Wievielte ist heute?*

Besonderheiten

Alle Verben, die ein direktes Objekt haben, bilden die zusammengesetzten Zeiten mit dem Hilfsverb avere.
Das Partizip Perfekt wird nur bei einem vorangestellten direkten Objekt angeglichen:

Francesco ha comprato la macchina.	*Francesco hat das Auto gekauft.*
Francesco l'ha comprata.	*Francesco hat es gekauft.*

Achtung: Bei den zusammengesetzten Vergangenheitsformen (z. B. Passato prossimo) hat avere die Bedeutung *bekommen*:

Mia sorella ha avuto un bambino.	*Meine Schwester hat ein Kind bekommen.*

Tipp

Der Gebrauch von avere bei der Bildung des Passato prossimo entspricht weitgehend der Verwendung von *haben* bei der Perfektbildung im Deutschen.

Eigene Notizen:

3 amare

lieben

Regelmäßiges Verb

Indicativo

Presente

am**o**	
am**i**	
am**a**	
am**iamo**	
am**ate**	
ạm**ano**	

Passato prossimo

ho	amato
hai	amato
ha	amato
abbiamo	amato
avete	amato
hanno	amato

Imperfetto

am**avo**
am**avi**
am**ava**
am**avamo**
am**avate**
am**ạvano**

Trapassato prossimo

avevo	amato
avevi	amato
aveva	amato
avevamo	amato
avevate	amato
avẹvano	amato

Passato remoto

am**ai**
am**asti**
am**ò**
am**ammo**
am**aste**
am**ạrono**

Trapassato remoto

ebbi	amato
avesti	amato
ebbe	amato
avemmo	amato
aveste	amato
ẹbbero	amato

Futuro semplice

am**erò**
am**erai**
am**erà**
am**eremo**
am**erete**
am**eranno**

Futuro anteriore

avrò	amato
avrai	amato
avrà	amato
avremo	amato
avrete	amato
avranno	amato

Congiuntivo

Presente

am**i**
am**i**
am**i**
am**iamo**
am**iate**
ạm**ino**

Imperfetto

am**assi**
am**assi**
am**asse**
am**ạssimo**
am**aste**
am**ạssero**

Passato

abbia	amato
abbia	amato
abbia	amato
abbiamo	amato
abbiate	amato
ạbbiano	amato

Trapassato

avessi	amato
avessi	amato
avesse	amato
avẹssimo	amato
aveste	amato
avẹssero	amato

Condizionale

Presente

am**erei**
am**eresti**
am**erebbe**
am**eremmo**
am**ereste**
am**erẹbbero**

Passato

avrei	amato
avresti	amato
avrebbe	amato
avremmo	amato
avreste	amato
avrẹbbero	amato

Imperativo

—	
(tu)	am**a**
(Lei)	am**i**
(noi)	am**iamo**
(voi)	am**ate**
(loro)	ạm**ino**

Gerundio

Presente

am**ando**

Passato

avendo amato

Infinito

Passato

avere amato

Participio

Passato

am**ato**

Beispiele und Wendungen

Anna e Federico amano le lingue antiche.
Anna und Federico lieben alte Sprachen.

amare fare qc	*etw. gerne tun*
amarsi	*sich lieben*

Weitere Verben

abitare - aiutare - arrivare - cantare - chiamare - continuare - fumare - guardare - lavorare - ordinare - parlare - pensare - portare - telefonare

abitare in campagna / città	*auf dem Land / in der Stadt wohnen*
aiutare un amico a fare qc	*einem Freund helfen, etw. zu tun*
chiamare qu	*jdn. (an)rufen*
continuare a fare qc	*fortfahren, etw. zu tun*
Vietato fumare!	*Rauchen verboten!*
guardare la TV	*fernsehen*
ordinare un caffè	*einen Espresso bestellen*
parlare piano / forte	*leise / laut sprechen*
penso di sì	*ich glaube ja*

Tipp

Amare ist ein Musterbeispiel für die Verben auf -are, die sonst keine Besonderheiten aufweisen. Die regelmäßigen Endungen des Verbs sind in der Konjugationstabelle fett hervorgehoben.

Konjugieren Sie doch mal eines der oben aufgeführten Verben durch, z. B. parlare *sprechen*. Markieren Sie dann jeweils die Endungen farbig.

Eigene Notizen:

4 andare

gehen

Indicativo

Presente	Passato prossimo	
vado	sono	andato
vai	sei	andato
va	è	andato
andiamo	siamo	andati
andate	siete	andati
vanno	sono	andati

Imperfetto	Trapassato prossimo	
andavo	ero	andato
andavi	eri	andato
andava	era	andato
andavamo	eravamo	andati
andavate	eravate	andati
andavano	erano	andati

Passato remoto	Trapassato remoto	
andai	fui	andato
andasti	fosti	andato
andò	fu	andato
andammo	fummo	andati
andaste	foste	andati
andarono	furono	andati

Futuro semplice	Futuro anteriore	
andrò	sarò	andato
andrai	sarai	andato
andrà	sarà	andato
andremo	saremo	andati
andrete	sarete	andati
andranno	saranno	andati

Congiuntivo

Presente	Imperfetto
vada	andassi
vada	andassi
vada	andasse
andiamo	andassimo
andiate	andaste
vadano	andassero

Passato		Trapassato	
sia	andato	fossi	andato
sia	andato	fossi	andato
sia	andato	fosse	andato
siamo	andati	fossimo	andati
siate	andati	foste	andati
siano	andati	fossero	andati

Condizionale

Presente	Passato	
andrei	sarei	andato
andresti	saresti	andato
andrebbe	sarebbe	andato
andremmo	saremmo	andati
andreste	sareste	andati
andrebbero	sarebbero	andati

Imperativo

—	
(tu)	va'/vai
(Lei)	vada
(noi)	andiamo
(voi)	andate
(loro)	vadano

Gerundio

Presente	Passato
andando	essendo andato

Infinito

Passato

essere andato

Participio

Passato

andato

Beispiele und Wendungen

Michele va a scuola sempre a piedi.
Michele geht immer zu Fuß zur Schule.

andare a piedi	*zu Fuß gehen*
andare in treno	*mit dem Zug fahren*
andare in vacanza	*in Urlaub fahren*
andare a trovare qu	*jdn. besuchen*
andare avanti	*weitergehen / -fahren, fortfahren*
Andiamo!	*Gehen wir! Los geht's!*

Besonderheiten

Bei andare handelt es sich um ein unregelmäßiges Verb, das bei der Konjugation zwei verschiedene Stämme aufweist (vgl. vado ↔ andiamo).

Die zusammengesetzten Zeiten von andare werden mit dem Hilfsverb essere gebildet.

Zu beachten ist die Verkürzung des Verbstamms bei der Bildung des Futurs und des Konditional Präsens (vgl. andrò ↔ am**e**rò, andrei ↔ am**e**rei).

Eine Besonderheit ist außerdem der Imperativ mit seinen zwei möglichen Formen va' / vai. Diese Doppelformen finden sich auch bei dare, fare und stare.

Tipp

Prägen Sie sich die Formen gut ein, da andare in der Bedeutung *gehen / fahren* häufig gebraucht wird. Bilden Sie doch beispielsweise mit den oben genannten Wendungen Sätze in jeder Person des Indikativ Präsens und sprechen Sie diese laut nach. Sie werden sehen, dass Sie die Formen dann schnell beherrschen.

Eigene Notizen:

5 avviare

einleiten, starten

Regelmäßiges Verb, aber: betontes -i- + -i- wird -ii- / unbetontes -i- + -i- wird -i-

Indicativo

Presente	Passato prossimo		Imperfetto	Trapassato prossimo	
avvio	ho	avviato	avviavo	avevo	avviato
avvii	hai	avviato	avviavi	avevi	avviato
avvia	ha	avviato	avviava	aveva	avviato
avviamo	abbiamo	avviato	avviavamo	avevamo	avviato
avviate	avete	avviato	avviavate	avevate	avviato
avviano	hanno	avviato	avviavano	avevano	avviato

Passato remoto	Trapassato remoto		Futuro semplice	Futuro anteriore	
avviai	ebbi	avviato	avvierò	avrò	avviato
avviasti	avesti	avviato	avvierai	avrai	avviato
avviò	ebbe	avviato	avvierà	avrà	avviato
avviammo	avemmo	avviato	avvieremo	avremo	avviato
avviaste	aveste	avviato	avvierete	avrete	avviato
avviarono	ebbero	avviato	avvieranno	avranno	avviato

Congiuntivo

Presente	Imperfetto	Passato		Trapassato	
avvii	avviassi	abbia	avviato	avessi	avviato
avvii	avviassi	abbia	avviato	avessi	avviato
avvii	avviasse	abbia	avviato	avesse	avviato
avviamo	avviassimo	abbiamo	avviato	avessimo	avviato
avviate	avviaste	abbiate	avviato	aveste	avviato
avviino	avviassero	abbiano	avviato	avessero	avviato

Condizionale

Presente	Passato	
avvierei	avrei	avviato
avvieresti	avresti	avviato
avvierebbe	avrebbe	avviato
avvieremmo	avremmo	avviato
avviereste	avreste	avviato
avvierebbero	avrebbero	avviato

Imperativo

—	
(tu)	avvia
(Lei)	avvii
(noi)	avviamo
(voi)	avviate
(loro)	avviino

Gerundio

Presente	Passato
avviando	avendo avviato

Infinito

Passato

avere avviato

Participio

Passato

avviato

Beispiele und Wendungen

Alle otto Francesco e Lucia si avviano a casa.
Um acht Uhr machen sich Francesco und Lucia auf den Heimweg.

avviare il motore	*den Motor starten*
avviarsi a casa	*sich auf den Heimweg machen*

Weitere Verben

ampliare - deviare - espiare - forviare / fuorviare - inviare - obliare - ovviare - ravviare - razziare - rinviare - sciare - spiare - sviare - traviare

deviare il traffico	*den Verkehr umleiten*
inviare una lettera	*einen Brief (ver-)schicken*
rinviare un appuntamento	*einen Termin verschieben*
sciare sull'acqua	*Wasserski laufen*
spiare qu	*jdn. bespitzeln*

Besonderheiten

Bei diesen regelmäßigen Verben auf -iare wird das betonte -i- des Verbstammes beibehalten (siehe: avv**ii**, avv**ii**no).

Tipp

Lesen Sie die Formen der Konjugation laut vor und achten Sie bei -ii- darauf, dass das erste -i- betont wird. Wiederholen Sie dies auch bei den anderen Verben. Sie können sich dabei auch selbst aufnehmen und diese Aufnahme unterwegs abspielen. So können Sie zum Beispiel im Stau lernen.

Eigene Notizen:

6 baciare

küssen

Regelmäßiges Verb, aber:

-ci- + -e- wird -ce- / -ci- + -i- wird -ci-

Indicativo

Presente	Passato prossimo	
bacio	ho	baciato
baci	hai	baciato
bacia	ha	baciato
baciamo	abbiamo	baciato
baciate	avete	baciato
baciano	hanno	baciato

Imperfetto	Trapassato prossimo	
baciavo	avevo	baciato
baciavi	avevi	baciato
baciava	aveva	baciato
baciavamo	avevamo	baciato
baciavate	avevate	baciato
baciavano	avevano	baciato

Passato remoto	Trapassato remoto	
baciai	ebbi	baciato
baciasti	avesti	baciato
baciò	ebbe	baciato
baciammo	avemmo	baciato
baciaste	aveste	baciato
baciarono	ebbero	baciato

Futuro semplice	Futuro anteriore	
bacerò	avrò	baciato
bacerai	avrai	baciato
bacerà	avrà	baciato
baceremo	avremo	baciato
bacerete	avrete	baciato
baceranno	avranno	baciato

Congiuntivo

Presente
baci
baci
baci
baciamo
baciate
bacino

Imperfetto
baciassi
baciassi
baciasse
baciassimo
baciaste
baciassero

Passato	
abbia	baciato
abbia	baciato
abbia	baciato
abbiamo	baciato
abbiate	baciato
abbiano	baciato

Trapassato	
avessi	baciato
avessi	baciato
avesse	baciato
avessimo	baciato
aveste	baciato
avessero	baciato

Condizionale

Presente
bacerei
baceresti
bacerebbe
baceremmo
bacereste
bacerebbero

Passato	
avrei	baciato
avresti	baciato
avrebbe	baciato
avremmo	baciato
avreste	baciato
avrebbero	baciato

Imperativo

—	
(tu)	bacia
(Lei)	baci
(noi)	baciamo
(voi)	baciate
(loro)	bacino

Gerundio

Presente	Passato
baciando	avendo baciato

Infinito

Passato
avere baciato

Participio

Passato
baciato

Beispiele und Wendungen

Franco ha baciato Lucia per amicizia.
Franco hat Lucia aus Freundschaft geküsst.

baciare la mano	*die Hand küssen*
baciarsi	*sich küssen*

Weitere Verben

abbracciare - annunciare - cominciare - denunciare - incominciare - minacciare - pronunciare - raccorciare - rinunciare - schiacciare

abbracciare un amico	*einen Freund umarmen*
cominciare a fare qc	*beginnen, etw. zu tun*
pronunciare bene una parola	*ein Wort gut aussprechen*
rinunciare a qc	*auf etw. verzichten*
stracciare un foglio	*ein Blatt zerreißen*

Besonderheiten

Die Verben auf -ciare sind regelmäßig, jedoch fällt das -i- weg, wenn die Endung mit -e- beginnt (z. B. Futur: bac**e**rò, bac**e**rai, bac**e**rà etc.). Es bleibt außerdem nur ein -i- stehen, wenn die Endung bereits ein -i enthält (z. B. bac**i**).

Tipp

Achten Sie auf die Aussprache des -i- in -ciare. Dieses ist nur hörbar in den Formen baci, bacino. Bei allen anderen wird -i- nicht gesprochen (bacio, baciamo etc.).*
*Vgl. die Verben lasciare, mangiare

Eigene Notizen:

7 **cercare**

suchen

Regelmäßiges Verb, aber:

-c- wird -ch- vor -e und -i

Indicativo

Presente

cerco
cerchi
cerca
cerchiamo
cercate
cercano

Passato prossimo

ho	cercato
hai	cercato
ha	cercato
abbiamo	cercato
avete	cercato
hanno	cercato

Imperfetto

cercavo
cercavi
cercava
cercavamo
cercavate
cercavano

Trapassato prossimo

avevo	cercato
avevi	cercato
aveva	cercato
avevamo	cercato
avevate	cercato
avevano	cercato

Passato remoto

cercai
cercasti
cercò
cercammo
cercaste
cercarono

Trapassato remoto

ebbi	cercato
avesti	cercato
ebbe	cercato
avemmo	cercato
aveste	cercato
ebbero	cercato

Futuro semplice

cercherò
cercherai
cercherà
cercheremo
cercherete
cercheranno

Futuro anteriore

avrò	cercato
avrai	cercato
avrà	cercato
avremo	cercato
avrete	cercato
avranno	cercato

Congiuntivo

Presente

cerchi
cerchi
cerchi
cerchiamo
cerchiate
cerchino

Imperfetto

cercassi
cercassi
cercasse
cercassimo
cercaste
cercassero

Passato

abbia	cercato
abbia	cercato
abbia	cercato
abbiamo	cercato
abbiate	cercato
abbiano	cercato

Trapassato

avessi	cercato
avessi	cercato
avesse	cercato
avessimo	cercato
aveste	cercato
avessero	cercato

Condizionale

Presente

cercherei
cercheresti
cercherebbe
cercheremmo
cerchereste
cercherebbero

Passato

avrei	cercato
avresti	cercato
avrebbe	cercato
avremmo	cercato
avreste	cercato
avrebbero	cercato

Imperativo

—	
(tu)	cerca
(Lei)	cerchi
(noi)	cerchiamo
(voi)	cercate
(loro)	cerchino

Gerundio

Presente

cercando

Passato

avendo cercato

Infinito

Passato

avere cercato

Participio

Passato

cercato

Beispiele und Wendungen

Luigi cerca lavoro da più di un anno.
Luigi sucht seit über einem Jahr Arbeit.

cercasi pizzaiolo	*Pizzabäcker gesucht*
cercare di fare qc	*versuchen, etw. zu tun*
cercare una soluzione	*eine Lösung finden*

Weitere Verben

affaticare - attaccare - cascare - classificare - comunicare - criticare - dimenticare - giocare - giudicare - mancare - nevicare - pescare - praticare - provocare - pubblicare - significare - truccare - vendicare

Ci siamo cascati!	*Wir sind reingefallen!*
dimenticare di fare qc	*vergessen, etw. zu tun*
giocare a pallacanestro	*Basketball spielen*
pubblicare un libro	*ein Buch veröffentlichen*
truccarsi	*sich schminken*

Besonderheiten

Bei den regelmäßigen Verben auf -care wird vor -e und -i ein -h- eingefügt (z. B. cerc**h**i, cerc**h**erò),* um eine einheitliche Aussprache als [k] zu gewährleisten.

* Vgl. pagare

Tipp

Merken Sie sich: -ca-, -co-, -chi- und -che- enthalten allesamt den Laut [k]. Denken Sie einfach an das bekannte Weinanbaugebiet Chianti in der Toskana!

Eigene Notizen:

8 dare

geben

Indicativo

Presente	Passato prossimo	
do	ho	dato
dai	hai	dato
dà	ha	dato
diamo	abbiamo	dato
date	avete	dato
danno	hanno	dato

Imperfetto	Trapassato prossimo	
davo	avevo	dato
davi	avevi	dato
dava	aveva	dato
davamo	avevamo	dato
davate	avevate	dato
davano	avevano	dato

Passato remoto	Trapassato remoto	
diedi/detti	ebbi	dato
desti	avesti	dato
diede/dette	ebbe	dato
demmo	avemmo	dato
deste	aveste	dato
diedero/dettero	ebbero	dato

Futuro semplice	Futuro anteriore	
darò	avrò	dato
darai	avrai	dato
darà	avrà	dato
daremo	avremo	dato
darete	avrete	dato
daranno	avranno	dato

Congiuntivo

Presente	Imperfetto
dia	dessi
dia	dessi
dia	desse
diamo	dessimo
diate	deste
diano	dessero

Passato		Trapassato	
abbia	dato	avessi	dato
abbia	dato	avessi	dato
abbia	dato	avesse	dato
abbiamo	dato	avessimo	dato
abbiate	dato	aveste	dato
abbiano	dato	avessero	dato

Condizionale

Presente	Passato	
darei	avrei	dato
daresti	avresti	dato
darebbe	avrebbe	dato
daremmo	avremmo	dato
dareste	avreste	dato
darebbero	avrebbero	dato

Imperativo

—	
(tu)	da'/dai
(Lei)	dia
(noi)	diamo
(voi)	date
(loro)	diano

Gerundio

Presente	Passato
dando	avendo dato

Infinito

Passato

avere dato

Participio

Passato

dato

Beispiele und Wendungen

Antonio dà sempre una mancia generosa al cameriere.
Antonio gibt dem Kellner immer ein großzügiges Trinkgeld.

Luisa ha dato uno schiaffo a suo fratello.
Luisa hat ihrem Bruder eine Ohrfeige gegeben.

dare del Lei / tu	*siezen / duzen*
alla TV / al cinema danno...	*im Fernsehen / Kino kommt / läuft ...*
darsi a qc	*sich etw. hingeben / widmen*
dare una mano a qc	*jdm. helfen*
Dai!	*Na los! Komm schon!*
darsi da fare	*sich engagieren / einsetzen*

Weitere Verben

ridare (*pres.*: ridò)

Besonderheiten

Die Formen des einfachen Futurs und des Konditional Präsens behalten das -a- bei (vgl. d**a**rò ↔ am**e**rò, d**a**rei ↔ am**e**rei).
Beachten Sie beim Imperativ die zwei möglichen Formen da' / dai. Diese Doppelformen finden sich auch bei andare, fare und stare.

Tipp

Lernen Sie die Konjugation von dare und stare zusammen, da sich beide sehr ähneln. Dadurch können Sie sich die Endungen leichter einprägen.

Eigene Notizen:

9 lasciare

lassen

Regelmäßiges Verb, aber:

-sci- + -e- wird -sce- / -sci- + -i- wird -sci-

Indicativo

Presente	Passato prossimo	
lascio	ho	lasciato
lasci	hai	lasciato
lascia	ha	lasciato
lasciamo	abbiamo	lasciato
lasciate	avete	lasciato
lasciano	hanno	lasciato

Imperfetto	Trapassato prossimo	
lasciavo	avevo	lasciato
lasciavi	avevi	lasciato
lasciava	aveva	lasciato
lasciavamo	avevamo	lasciato
lasciavate	avevate	lasciato
lasciavano	avevano	lasciato

Passato remoto	Trapassato remoto	
lasciai	ebbi	lasciato
lasciasti	avesti	lasciato
lasciò	ebbe	lasciato
lasciammo	avemmo	lasciato
lasciaste	aveste	lasciato
lasciarono	ebbero	lasciato

Futuro semplice	Futuro anteriore	
lascerò	avrò	lasciato
lascerai	avrai	lasciato
lascerà	avrà	lasciato
lasceremo	avremo	lasciato
lascerete	avrete	lasciato
lasceranno	avranno	lasciato

Congiuntivo

Presente
lasci
lasci
lasci
lasciamo
lasciate
lascino

Imperfetto
lasciassi
lasciassi
lasciasse
lasciassimo
lasciaste
lasciassero

Passato	
abbia	lasciato
abbia	lasciato
abbia	lasciato
abbiamo	lasciato
abbiate	lasciato
abbiano	lasciato

Trapassato	
avessi	lasciato
avessi	lasciato
avesse	lasciato
avessimo	lasciato
aveste	lasciato
avessero	lasciato

Condizionale

Presente
lascerei
lasceresti
lascerebbe
lasceremmo
lascereste
lascerebbero

Passato	
avrei	lasciato
avresti	lasciato
avrebbe	lasciato
avremmo	lasciato
avreste	lasciato
avrebbero	lasciato

Imperativo

—	
(tu)	lascia
(Lei)	lasci
(noi)	lasciamo
(voi)	lasciate
(loro)	lascino

Gerundio

Presente	Passato
lasciando	avendo lasciato

Infinito

Passato

avere lasciato

Participio

Passato

lasciato

Beispiele und Wendungen

Stasera mio padre mi lascia la macchina.
Mein Vater überlässt mir heute Abend das Auto.

Dopo due anni Chiara ha lasciato il suo fidanzato.
Nach zwei Jahren hat Chiara ihren Verlobten verlassen.

lasciarsi	*sich trennen*
Lascia perdere!	*Lass gut sein! Vergiss es!*
Lascia fare a me!	*Lass mich nur machen!*
lasciare in pace qu	*jdn. in Ruhe lassen*

Weitere Verben

angosciare – fasciare – rilasciare – sgusciare

rilasciare la patente	*den Führerschein ausstellen*
sgusciare una castagna	*eine Kastanie schälen*

Besonderheiten

Die Verben auf -sciare verlieren bei den Formen des Futurs und Konditionals das -i- des Stammes (z. B. la**sce**rò, la**sce**rei etc.).

Tipp

Das -i- in -sci- ist nur in lasci und lascino zu hören. Ansonsten wird -i- nicht ausge-sprochen.* Konjugieren Sie die Verben dieser Gruppe daher immer laut. Achten Sie auch darauf, das die Lautkombinationen -sci und -sce- (la**sci**amo, la**sce**rei) dem deutschen -sch- (z. B. *Schule*, *waschen*) entsprechen.
* Vgl. die Verben baciare, mangiare

Eigene Notizen:

10 mangiare

essen

Regelmäßiges Verb, aber:

-gi- + -e- wird -ge- / -gi- + -i- wird -gi-

Indicativo

Presente	Passato prossimo		Imperfetto	Trapassato prossimo	
mangio	ho	mangiato	mangiavo	avevo	mangiato
mangi	hai	mangiato	mangiavi	avevi	mangiato
mangia	ha	mangiato	mangiava	aveva	mangiato
mangiamo	abbiamo	mangiato	mangiavamo	avevamo	mangiato
mangiate	avete	mangiato	mangiavate	avevate	mangiato
mangiano	hanno	mangiato	mangiavano	avevano	mangiato

Passato remoto	Trapassato remoto		Futuro semplice	Futuro anteriore	
mangiai	ebbi	mangiato	mangerò	avrò	mangiato
mangiasti	avesti	mangiato	mangerai	avrai	mangiato
mangiò	ebbe	mangiato	mangerà	avrà	mangiato
mangiammo	avemmo	mangiato	mangeremo	avremo	mangiato
mangiaste	aveste	mangiato	mangerete	avrete	mangiato
mangiarono	ebbero	mangiato	mangeranno	avranno	mangiato

Congiuntivo

Presente	Imperfetto	Passato		Trapassato	
mangi	mangiassi	abbia	mangiato	avessi	mangiato
mangi	mangiassi	abbia	mangiato	avessi	mangiato
mangi	mangiasse	abbia	mangiato	avesse	mangiato
mangiamo	mangiassimo	abbiamo	mangiato	avessimo	mangiato
mangiate	mangiaste	abbiate	mangiato	aveste	mangiato
mangino	mangiassero	abbiano	mangiato	avessero	mangiato

Condizionale

Presente	Passato	
mangerei	avrei	mangiato
mangeresti	avresti	mangiato
mangerebbe	avrebbe	mangiato
mangeremmo	avremmo	mangiato
mangereste	avreste	mangiato
mangerebbero	avrebbero	mangiato

Imperativo

—	
(tu)	mangia
(Lei)	mangi
(noi)	mangiamo
(voi)	mangiate
(loro)	mangino

Gerundio

Presente

mangiando

Passato

avendo mangiato

Infinito

Passato

avere mangiato

Participio

Passato

mangiato

Beispiele und Wendungen

Stasera mangiamo al ristorante.
Heute Abend essen wir im Restaurant.

farsi da mangiare	*sich etw. zu essen machen*
Giorgio! Si mangia!	*Giorgio! (Es gibt) Essen!*

Weitere Verben

alloggiare - appoggiare - arrangiarsi - assaggiare - danneggiare - festeggiare - incoraggiare - noleggiare - parcheggiare - passeggiare - viaggiare

alloggiare qu	*jdn. beherbergen / unterbringen*
assaggiare il vino	*den Wein kosten / probieren*
festeggiare il compleanno	*Geburtstag feiern*
parcheggiare nel centro	*im Zentrum parken*
viaggiare in prima classe	*erster Klasse reisen*

Besonderheiten

Die Verben auf -giare verlieren bei den Formen des Futurs und Konditionals das -i- des Stammes (z. B. man**ge**rò, man**ge**rei).

Tipp

Das -i- in -gi- ist nur in mangi und mangino zu hören. Ansonsten wird -i- nicht ausge-sprochen.* Konjugieren Sie die Verben dieser Gruppe daher immer laut. Achten Sie auch darauf, dass die Lautkombinationen -gi- und -ge- (man**gi**amo, man**ge**rei) dem Laut in Gen*tleman* entspricht.
* Vgl. die Verben baciare, lasciare

Eigene Notizen:

11 **pagare**

bezahlen

Regelmäßiges Verb,

aber: -g- wird -gh- vor -e und -i

Indicativo

Presente	Passato prossimo		Imperfetto	Trapassato prossimo	
pago	ho	pagato	pagavo	avevo	pagato
paghi	hai	pagato	pagavi	avevi	pagato
paga	ha	pagato	pagava	aveva	pagato
paghiamo	abbiamo	pagato	pagavamo	avevamo	pagato
pagate	avete	pagato	pagavate	avevate	pagato
pagano	hanno	pagato	pagavano	avevano	pagato

Passato remoto	Trapassato remoto		Futuro semplice	Futuro anteriore	
pagai	ebbi	pagato	pagherò	avrò	pagato
pagasti	avesti	pagato	pagherai	avrai	pagato
pagò	ebbe	pagato	pagherà	avrà	pagato
pagammo	avemmo	pagato	pagheremo	avremo	pagato
pagaste	aveste	pagato	pagherete	avrete	pagato
pagarono	ebbero	pagato	pagheranno	avranno	pagato

Congiuntivo

Presente	Imperfetto	Passato		Trapassato	
paghi	pagassi	abbia	pagato	avessi	pagato
paghi	pagassi	abbia	pagato	avessi	pagato
paghi	pagasse	abbia	pagato	avesse	pagato
paghiamo	pagassimo	abbiamo	pagato	avessimo	pagato
paghiate	pagaste	abbiate	pagato	aveste	pagato
paghino	pagassero	abbiano	pagato	avessero	pagato

Condizionale

Presente	Passato	
pagherei	avrei	pagato
pagheresti	avresti	pagato
pagherebbe	avrebbe	pagato
pagheremmo	avremmo	pagato
paghereste	avreste	pagato
pagherebbero	avrebbero	pagato

Imperativo

—	
(tu)	paga
(Lei)	paghi
(noi)	paghiamo
(voi)	pagate
(loro)	paghino

Gerundio

Presente	Passato
pagando	avendo pagato

Infinito

Passato

avere pagato

Participio

Passato

pagato

Beispiele und Wendungen

Il Signor Spagnoli paga sempre in contanti.
Herr Spagnoli bezahlt immer bar.

pagare il conto	die *Rechnung bezahlen*
pagare le tasse	*Steuern bezahlen*
Me la pagherai!	*Das wirst du mir büßen!*

Weitere Verben

allegare - allungare - collegare - fregare - interrogare - legare - litigare - lusingare - naufragare - navigare - negare - obbligare - pregare - sbrigare

allegare i documenti	*Unterlagen beifügen / anhängen (Computer)*
fregare qu	fam. *jdn. hereinlegen*
litigare con qu	*mit jdm. streiten*
farsi pregare	*sich bitten lassen*

Besonderheiten

Bei den regelmäßigen Verben auf -gare wird vor -e und -i ein -h- eingefügt (z. B. pag**h**i, pag**h**eremo).* Somit wird eine einheitliche Aussprache gewährleistet, welche dem Laut [g] entspricht.
* Vgl. cercare

Tipp

Merken Sie sich: -ga-, -go-, -ghi- und -ghe- enthalten allesamt den Laut [g]. Eine kleine Aussprachehilfe werden Ihnen sicherlich die leckeren Spaghetti bieten, die in zahlreichen Varianten zubereitet werden können.

Eigene Notizen:

12 stare

bleiben

Indicativo

Presente
sto
stai
sta
stiamo
state
stanno

Passato prossimo
sono	stato
sei	stato
è	stato
siamo	stati
siete	stati
sono	stati

Imperfetto
stavo
stavi
stava
stavamo
stavate
stavano

Trapassato prossimo
ero	stato
eri	stato
era	stato
eravamo	stati
eravate	stati
erano	stati

Passato remoto
stetti
stesti
stette
stemmo
steste
stettero

Trapassato remoto
fui	stato
fosti	stato
fu	stato
fummo	stati
foste	stati
furono	stati

Futuro semplice
starò
starai
starà
staremo
starete
staranno

Futuro anteriore
sarò	stato
sarai	stato
sarà	stato
saremo	stati
sarete	stati
saranno	stati

Congiuntivo

Presente
stia
stia
stia
stiamo
stiate
stiano

Imperfetto
stessi
stessi
stesse
stessimo
steste
stessero

Passato
sia	stato
sia	stato
sia	stato
siamo	stati
siate	stati
siano	stati

Trapassato
fossi	stato
fossi	stato
fosse	stato
fossimo	stati
foste	stati
fossero	stati

Condizionale

Presente
starei
staresti
starebbe
staremmo
stareste
starebbero

Passato
sarei	stato
saresti	stato
sarebbe	stato
saremmo	stati
sareste	stati
sarebbero	stati

Imperativo

—	
(tu)	sta'/stai
(Lei)	stia
(noi)	stiamo
(voi)	state
(loro)	stiano

Gerundio

Presente
stando

Passato
essendo stato

Infinito

Passato
essere stato

Participio

Passato
stato

Beispiele und Wendungen

Sto in piedi, grazie. Non sono stanco.
Ich bleibe stehen, danke. Ich bin nicht müde.

I pantaloni ti stanno bene.
Die Hose steht dir gut.

Come stai / sta?	*Wie geht es dir / Ihnen?*
starsene a casa	*zu Hause bleiben*
Ci sto!	*Einverstanden! Ich bin dabei!*

Besonderheiten

Die Formen des einfachen Futurs und des Konditional Präsens behalten das -a- bei. (vgl. st**a**rò ↔ am**e**rò, st**a**rei ↔ am**e**rei) Beachten Sie beim Imperativ die zwei möglichen Formen sta' / stai.

Stare + gerundio presente umschreibt eine Handlung, die sich gerade im Verlauf befindet:

Cosa stai facendo?	*Was machst du gerade?*
Sto guardando la TV.	*Ich schaue gerade fern.*

Stare per + infinito umschreibt ein Ereignis, das gleich geschieht.

Sto per mangiare.	*Ich esse gleich.*

Tipp

Lernen Sie die Konjugation von stare und dare zusammen, da sich beide sehr ähneln. Das Gerundium ist im Italienischen sehr beliebt. Spielen Sie doch mit einem Partner ein paar Situationen durch, indem Sie ihn fragen, was er gerade tut und umgekehrt.

Eigene Notizen:

studiare

lernen

Regelmäßiges Verb, aber: -i- + -i- wird -i-

Indicativo

Presente	Passato prossimo	Imperfetto	Trapassato prossimo	Passato remoto	Trapassato remoto	Futuro semplice	Futuro anteriore
studio	ho studiato	studiavo	avevo studiato	studiai	ebbi studiato	studierò	avrò studiato
studi	hai studiato	studiavi	avevi studiato	studiasti	avesti studiato	studierai	avrai studiato
studia	ha studiato	studiava	aveva studiato	studiò	ebbe studiato	studierà	avrà studiato
studiamo	abbiamo studiato	studiavamo	avevamo studiato	studiammo	avemmo studiato	studieremo	avremo studiato
studiate	avete studiato	studiavate	avevate studiato	studiaste	aveste studiato	studierete	avrete studiato
studiano	hanno studiato	studiavano	avevano studiato	studiarono	ebbero studiato	studieranno	avranno studiato

Congiuntivo

Presente	Imperfetto	Passato	Trapassato
studi	studiassi	abbia studiato	avessi studiato
studi	studiassi	abbia studiato	avessi studiato
studi	studiasse	abbia studiato	avesse studiato
studiamo	studiassimo	abbiamo studiato	avessimo studiato
studiate	studiaste	abbiate studiato	aveste studiato
studino	studiassero	abbiano studiato	avessero studiato

Condizionale

Presente	Passato
studierei	avrei studiato
studieresti	avresti studiato
studierebbe	avrebbe studiato
studieremmo	avremmo studiato
studiereste	avreste studiato
studierebbero	avrebbero studiato

Imperativo

—	
(tu)	studia
(Lei)	studi
(noi)	studiamo
(voi)	studiate
(loro)	studino

Gerundio

Presente

studiando

Passato

avendo studiato

Infinito

Passato

avere studiato

Participio

Passato

studiato

Beispiele und Wendungen

Carla e Franco studiano economia all'università di Milano.
Carla und Franco studieren BWL an der Universität in Mailand.

Oggi resto a casa perché devo studiare.
Ich bleibe heute zu Hause, weil ich lernen muss.

studiare all'università	*an der Universität studieren*
studiare per un esame	*für eine Prüfung lernen*

Weitere Verben

annoiare - annunziare - apparecchiare - arrabbiar(si) - cambiare - divorziare - fischiare - fotocopiare - infischiarsi - iniziare - invecchiare - invidiare - licenziare - macchiare - odiare - pronunziare (pronunciare) - ringraziare - rischiare - risparmiare - scambiare - scoppiare - soffiare - viziare

apparecchiare la tavola	*den Tisch decken*
cambiarsi	*sich umziehen*
Me ne infischio!	*Ich pfeife drauf!*
licenziare qu	*jdn. entlassen*
ringraziare qu	*jdm. danken*
rischiare di fare qc	*riskieren, etw. zu tun*
scambiare una persona per un'altra	*eine Person mit jdm. verwechseln*

Besonderheiten

Bei diesen Verben auf -iare sind - im Gegensatz zu avviare - zwei aufeinander folgende -i- nicht möglich (z. B. stud**i**, stud**i**amo).

Eigene Notizen:

14 tagliare

schneiden

Regelmäßiges Verb, aber: -gli- + -i- wird -gli-

Indicativo

Presente	Passato prossimo		Imperfetto	Trapassato prossimo	
taglio	ho	tagliato	tagliavo	avevo	tagliato
tagli	hai	tagliato	tagliavi	avevi	tagliato
taglia	ha	tagliato	tagliava	aveva	tagliato
tagliamo	abbiamo	tagliato	tagliavamo	avevamo	tagliato
tagliate	avete	tagliato	tagliavate	avevate	tagliato
tagliano	hanno	tagliato	tagliavano	avevano	tagliato

Passato remoto	Trapassato remoto		Futuro semplice	Futuro anteriore	
tagliai	ebbi	tagliato	taglierò	avrò	tagliato
tagliasti	avesti	tagliato	taglierai	avrai	tagliato
tagliò	ebbe	tagliato	taglierà	avrà	tagliato
tagliammo	avemmo	tagliato	taglieremo	avremo	tagliato
tagliaste	aveste	tagliato	taglierete	avrete	tagliato
tagliarono	ebbero	tagliato	taglieranno	avranno	tagliato

Congiuntivo

Presente	Imperfetto	Passato		Trapassato	
tagli	tagliassi	abbia	tagliato	avessi	tagliato
tagli	tagliassi	abbia	tagliato	avessi	tagliato
tagli	tagliasse	abbia	tagliato	avesse	tagliato
tagliamo	tagliassimo	abbiamo	tagliato	avessimo	tagliato
tagliate	tagliaste	abbiate	tagliato	aveste	tagliato
taglino	tagliassero	abbiano	tagliato	avessero	tagliato

Condizionale

Presente	Passato	
taglierei	avrei	tagliato
taglieresti	avresti	tagliato
taglierebbe	avrebbe	tagliato
taglieremmo	avremmo	tagliato
tagliereste	avreste	tagliato
taglierebbero	avrebbero	tagliato

Imperativo

—	
(tu)	taglia
(Lei)	tagli
(noi)	tagliamo
(voi)	tagliate
(loro)	taglino

Gerundio

Presente	Passato
tagliando	avendo tagliato

Infinito

Passato

avere tagliato

Participio

Passato

tagliato

Beispiele und Wendungen

Ugo si fa tagliare i capelli una volta al mese.
Ugo lässt sich einmal im Monat die Haare schneiden.

tagliare a pezzi	*in Stücke schneiden*
tagliarsi con il coltello	*sich mit dem Messer schneiden*
Taglia corto!	*Mach es kurz!*

Weitere Verben

assomigliare - consigliare - invogliare - meravigliare - pigliare - rassomigliare - sbagliare - sconsigliare - somigliare - spogliare - squagliarsi - svegliare

consigliare un ristorante	*ein Restaurant empfehlen*
meravigliarsi di qu	*sich über jdm. wundern*
sbagliare numero	*sich verwählen*
somigliare a qu	*jdm. ähnlich sehen*
squagliarsela	*sich davonmachen*

Besonderheiten

Tagliare und die weiteren Verben dieser Gruppe auf -gliare werden regelmäßig konjugiert, beachten Sie jedoch: -gli- + -i- wird -gli- (z. B. ta**gli**, ta**gli**amo).

Tipp

Für Italienischlerner stellt die Aussprache von -gli-* häufig ein Problem dar. Vergleiche Sie diesen Laut mit -lj- in dem Wort *Kabeljau*.
* Vgl. cogliere, scegliere

Eigene Notizen:

15 **bạttere**

Regelmäßiges Verb

schlagen

Indicativo

Presente

batt**o**
batt**i**
batt**e**
batt**iamo**
batt**ete**
bạtt**ono**

Passato prossimo

ho	battuto
hai	battuto
ha	battuto
abbiamo	battuto
avete	battuto
hanno	battuto

Imperfetto

batt**evo**
batt**evi**
batt**eva**
batt**evamo**
batt**evate**
batt**ẹvano**

Trapassato prossimo

avevo	battuto
avevi	battuto
aveva	battuto
avevamo	battuto
avevate	battuto
avẹvano	battuto

Passato remoto

batt**ei**
batt**esti**
batt**é**
batt**emmo**
batt**este**
batt**ẹrono**

Trapassato remoto

ebbi	battuto
avesti	battuto
ebbe	battuto
avemmo	battuto
aveste	battuto
ẹbbero	battuto

Futuro semplice

batt**erò**
batt**erai**
batt**erà**
batt**eremo**
batt**erete**
batt**eranno**

Futuro anteriore

avrò	battuto
avrai	battuto
avrà	battuto
avremo	battuto
avrete	battuto
avranno	battuto

Congiuntivo

Presente

batt**a**
batt**a**
batt**a**
batt**iamo**
batt**iate**
bạtt**ano**

Imperfetto

batt**essi**
batt**essi**
batt**esse**
batt**ẹssimo**
batt**este**
batt**ẹssero**

Passato

abbia	battuto
abbia	battuto
abbia	battuto
abbiamo	battuto
abbiate	battuto
ạbbiano	battuto

Trapassato

avessi	battuto
avessi	battuto
avesse	battuto
avẹssimo	battuto
aveste	battuto
avẹssero	battuto

Condizionale

Presente

batt**erei**
batt**eresti**
batt**erebbe**
batt**eremmo**
batt**ereste**
batt**erẹbbero**

Passato

avrei	battuto
avresti	battuto
avrebbe	battuto
avremmo	battuto
avreste	battuto
avrẹbbero	battuto

Imperativo

—	
(tu)	batt**i**
(Lei)	batt**a**
(noi)	batt**iamo**
(voi)	batt**ete**
(loro)	bạtt**ano**

Gerundio

Presente

batt**endo**

Passato

avendo battuto

Infinito

Passato

avere battuto

Participio

Passato

batt**uto**

Beispiele und Wendungen

L'orologio del campanile batte le undici.
Die Uhr des Glockenturms schlägt elf.

La Francia ha battuto il Brasile uno a zero.
Frankreich hat Brasilien eins zu null geschlagen.

battersi per qu	*sich für jdn. schlagen*
battere alla porta	*an die Tür klopfen*
Mi batte il cuore.	*Ich habe Herzklopfen.*
battersi la testa	*sich den Kopf stoßen*
battere le mani	*in die Hände klatschen*
battere un primato	*einen Rekord brechen*
battere un calcio di rigore	*einen Elfmeter schießen*

Weitere Verben

competere – concernere – discernere – esimere – incombere

competere con qu	*mit jdm. konkurrieren / wetteifern*
esimere qu da qc	*jdn. von etw. entbinden*

Tipp

Battere ist ein Musterbeispiel für die Verben auf -ere, die sonst keine Besonderheiten aufweisen. Die regelmäßigen Endungen des Verbs sind in der Konjugationstabelle fett hervorgehoben. Markieren Sie die Endungen dieser Konjugation farbig und prägen Sie sich die Formen gut ein.

Aus battere werden auch zahlreiche Substantive abgeleitet: z. B. la batteria *Schlagzeug*, il batterista *Schlagzeuger*.

Eigene Notizen:

16 **crẹdere**

glauben, meinen

Regelmäßiges Verb mit 2 möglichen Endungen im Passato remoto

Indicativo

Presente

cred**o**
cred**i**
cred**e**
cred**iamo**
cred**ete**
crẹd**ono**

Passato prossimo

ho	creduto
hai	creduto
ha	creduto
abbiamo	creduto
avete	creduto
hanno	creduto

Imperfetto

cred**evo**
cred**evi**
cred**eva**
cred**evamo**
cred**evate**
cred**ẹvano**

Trapassato prossimo

avevo	creduto
avevi	creduto
aveva	creduto
avevamo	creduto
avevate	creduto
avẹvano	creduto

Passato remoto

cred**ei/-etti**
cred**esti**
cred**é/-ette**
cred**emmo**
cred**este**
cred**ẹrono/-ẹttero**

Trapassato remoto

ebbi	creduto
avesti	creduto
ebbe	creduto
avemmo	creduto
aveste	creduto
ẹbbero	creduto

Futuro semplice

cred**erò**
cred**erai**
cred**erà**
cred**eremo**
cred**erete**
cred**eranno**

Futuro anteriore

avrò	creduto
avrai	creduto
avrà	creduto
avremo	creduto
avrete	creduto
avranno	creduto

Congiuntivo

Presente

cred**a**
cred**a**
cred**a**
cred**iamo**
cred**iate**
crẹd**ano**

Imperfetto

cred**essi**
cred**essi**
cred**esse**
cred**ẹssimo**
cred**este**
cred**ẹssero**

Passato

abbia	creduto
abbia	creduto
abbia	creduto
abbiamo	creduto
abbiate	creduto
ạbbiano	creduto

Trapassato

avessi	creduto
avessi	creduto
avesse	creduto
avẹssimo	creduto
aveste	creduto
avẹssero	creduto

Condizionale

Presente

cred**erei**
cred**eresti**
cred**erebbe**
cred**eremmo**
cred**ereste**
cred**erẹbbero**

Passato

avrei	creduto
avresti	creduto
avrebbe	creduto
avremmo	creduto
avreste	creduto
avrẹbbero	creduto

Imperativo

—	
(tu)	cred**i**
(Lei)	cred**a**
(noi)	cred**iamo**
(voi)	cred**ete**
(loro)	crẹd**ano**

Gerundio

Presente

cred**endo**

Passato

avendo creduto

Infinito

Passato

avere creduto

Participio

Passato

cred**uto**

Beispiele und Wendungen

Raffaella non crede a Mario.
Raffaella glaubt Mario nicht.

Il giudice non crede all'innocenza dell'accusato.
Der Richter glaubt nicht an die Unschuld des Angeklagten.

credere a qu / qc	*jdm. glauben / an etw. glauben*
credere in qu / qc	*an jdn. / etw. glauben*
credersi	*sich halten für*
credo di sì / no	*ich glaube ja / nein*

Weitere Verben

cedere - precedere - vendere

cedere a qc	*etw. nachgeben*
precedere qu	*jdm. vorangehen / zuvorkommen*
vendere qc a qu	*jdm. etw. verkaufen*

Besonderheiten

Es handelt sich bei diesen Verben um regelmäßige Verben, die zwei mögliche Endungen im Passato remoto haben (cred**ei** ↔ cred**etti**). Die regelmäßigen Endungen sind in der Konjugationstabelle fett hervorgehoben.

Nach credere che steht der Konjunktiv:
Credo che Peter sia tedesco. *Ich glaube, dass Peter Deutscher ist.*

Tipp

Lernen Sie credere immer mit Präposition, z. B. credere **a** Paolo (*Paulo glauben*), credere **in** Dio (*an Gott glauben*) etc.

Eigene Notizen:

17 bere

trinken

Indicativo

Presente
bevo
bevi
beve
beviamo
bevete
bevono

Passato prossimo
ho	bevuto
hai	bevuto
ha	bevuto
abbiamo	bevuto
avete	bevuto
hanno	bevuto

Imperfetto
bevevo
bevevi
beveva
bevevamo
bevevate
bevevano

Trapassato prossimo
avevo	bevuto
avevi	bevuto
aveva	bevuto
avevamo	bevuto
avevate	bevuto
avevano	bevuto

Passato remoto
bevvi
bevesti
bevve
bevemmo
beveste
bevvero

Trapassato remoto
ebbi	bevuto
avesti	bevuto
ebbe	bevuto
avemmo	bevuto
aveste	bevuto
ebbero	bevuto

Futuro semplice
berrò
berrai
berrà
berremo
berrete
berranno

Futuro anteriore
avrò	bevuto
avrai	bevuto
avrà	bevuto
avremo	bevuto
avrete	bevuto
avranno	bevuto

Congiuntivo

Presente
beva
beva
beva
beviamo
beviate
bevano

Imperfetto
bevessi
bevessi
bevesse
bevessimo
beveste
bevessero

Passato
abbia	bevuto
abbia	bevuto
abbia	bevuto
abbiamo	bevuto
abbiate	bevuto
abbiano	bevuto

Trapassato
avessi	bevuto
avessi	bevuto
avesse	bevuto
avessimo	bevuto
aveste	bevuto
avessero	bevuto

Condizionale

Presente
berrei
berresti
berrebbe
berremmo
berreste
berrebbero

Passato
avrei	bevuto
avresti	bevuto
avrebbe	bevuto
avremmo	bevuto
avreste	bevuto
avrebbero	bevuto

Imperativo

—	
(tu)	bevi
(Lei)	beva
(noi)	beviamo
(voi)	bevete
(loro)	bevano

Gerundio

Presente
bevendo

Passato
avendo bevuto

Infinito

Passato
avere bevuto

Participio

Passato
bevuto

Beispiele und Wendungen

Dopo l'allenamento Flavio beve almeno un litro d'acqua.
Nach dem Training trinkt Flavio mindestens einen Liter Wasser.

Che cosa hai bevuto alla festa di Sergio?
Was hast du denn auf der Party von Sergio getrunken?

dare da bere	*zu Trinken geben*
offrire qc da bere	*einen ausgeben*
bersi qc (una storia) *fig.*	*sich (eine Geschichte) aufbinden lassen*
La macchina beve molto.	*Das Auto verbraucht viel.*

Besonderheiten

Das Verb bere stammt aus der veralteten Form bevere*. Die Endung -ere von bere ist vor allem in der Konjugation des Futurs und Konditional Präsens erkennbar, in allen anderen Zeiten und Modi ist das -v- von bevere enthalten.
* Vgl. condurre, dire, fare, porre, trarre

Beachten Sie: Der Stamm der verkürzten Form bere erhält bei der Bildung des Futurs und Konditional Präsens -rr-: be**rr**ò, be**rr**ei etc.

Tipp

Lernen Sie das Präsens und Imperfekt, indem Sie die veraltete Form bevere zu Hilfe nehmen. Konjugieren Sie so, als ob es sich um ein gewöhnliches Verb auf -ere handeln würde (vgl. bev**o**, bev**evo** etc.).

Dasselbe gilt übrigens auch für das Gerundium (bev**endo**) und das Partizip Perfekt (bev**uto**).

Eigene Notizen:

cadere

fallen

-d- wird zu -dd-

Indicativo

Presente	Passato prossimo		Imperfetto	Trapassato prossimo	
cado	sono	caduto	cadevo	ero	caduto
cadi	sei	caduto	cadevi	eri	caduto
cade	è	caduto	cadeva	era	caduto
cadiamo	siamo	caduti	cadevamo	eravamo	caduti
cadete	siete	caduti	cadevate	eravate	caduti
cadono	sono	caduti	cadevano	erano	caduti

Passato remoto	Trapassato remoto		Futuro semplice	Futuro anteriore	
caddi	fui	caduto	cadrò	sarò	caduto
cadesti	fosti	caduto	cadrai	sarai	caduto
cadde	fu	caduto	cadrà	sarà	caduto
cademmo	fummo	caduti	cadremo	saremo	caduti
cadeste	foste	caduti	cadrete	sarete	caduti
caddero	furono	caduti	cadranno	saranno	caduti

Congiuntivo

Presente	Imperfetto	Passato		Trapassato	
cada	cadessi	sia	caduto	fossi	caduto
cada	cadessi	sia	caduto	fossi	caduto
cada	cadesse	sia	caduto	fosse	caduto
cadiamo	cadessimo	siamo	caduti	fossimo	caduti
cadiate	cadeste	siate	caduti	foste	caduti
cadano	cadessero	siano	caduti	fossero	caduti

Condizionale

Presente	Passato	
cadrei	sarei	caduto
cadresti	saresti	caduto
cadrebbe	sarebbe	caduto
cadremmo	saremmo	caduti
cadreste	sareste	caduti
cadrebbero	sarebbero	caduti

Imperativo

—	
(tu)	cadi
(Lei)	cada
(noi)	cadiamo
(voi)	cadete
(loro)	cadano

Gerundio

Presente: cadendo

Passato: essendo caduto

Infinito

Passato: essere caduto

Participio

Passato: caduto

Beispiele und Wendungen

Stai attento a non cadere!
Pass auf, dass du nicht hinfällst!

Il ragazzo è caduto dalla bicicletta.
Der Junge ist vom Fahrrad gefallen.

cadere per terra	*auf den Boden fallen*
cadere in una trappola	*in eine Falle tappen*
È caduta la linea.	*Die Leitung ist unterbrochen worden.*

Weitere Verben

accadere - decadere - ricadere - scadere

mi accade spesso	*das passiert mir oft*
il passaporto è scaduto	*der Reisepass ist abgelaufen*

Besonderheiten

In der 1. und 3. Person Singular und Plural des Passato remoto wird -d- zu -dd- (ca**dd**i, ca**dd**e, ca**dd**ero). Im Futur und Konditional Präsens ist der Verbstamm verkürzt (vgl. cadrò ↔ cred**e**rò, cadrei ↔ cred**e**rei).

Tipp

Die Formen mit -dd- werden auf dem vorangehenden Vokal betont: cạddi, cạdde, cạddero.

Bilden Sie das Passato prossimo dem Deutschen entsprechend mit essere *sein*:

sono caduto / a	*ich bin gefallen*

Eigene Notizen:

19 chiẹdere

fragen

Indicativo

Presente	Passato prossimo	
chiedo	ho	chiesto
chiedi	hai	chiesto
chiede	ha	chiesto
chiediamo	abbiamo	chiesto
chiedete	avete	chiesto
chiẹdono	hanno	chiesto

Imperfetto	Trapassato prossimo	
chiedevo	avevo	chiesto
chiedevi	avevi	chiesto
chiedeva	aveva	chiesto
chiedevamo	avevamo	chiesto
chiedevate	avevate	chiesto
chiedẹvano	avẹvano	chiesto

Passato remoto	Trapassato remoto	
chiesi	ebbi	chiesto
chiedesti	avesti	chiesto
chiese	ebbe	chiesto
chiedemmo	avemmo	chiesto
chiedeste	aveste	chiesto
chiẹsero	ẹbbero	chiesto

Futuro semplice	Futuro anteriore	
chiederò	avrò	chiesto
chiederai	avrai	chiesto
chiederà	avrà	chiesto
chiederemo	avremo	chiesto
chiederete	avrete	chiesto
chiederanno	avranno	chiesto

Congiuntivo

Presente
chieda
chieda
chieda
chiediamo
chiediate
chiẹdano

Imperfetto
chiedessi
chiedessi
chiedesse
chiedẹssimo
chiedeste
chiedẹssero

Passato	
abbia	chiesto
abbia	chiesto
abbia	chiesto
abbiamo	chiesto
abbiate	chiesto
ạbbiano	chiesto

Trapassato	
avessi	chiesto
avessi	chiesto
avesse	chiesto
avẹssimo	chiesto
aveste	chiesto
avẹssero	chiesto

Condizionale

Presente
chiederei
chiederesti
chiederebbe
chiederemmo
chiedereste
chiederẹbbero

Passato	
avrei	chiesto
avresti	chiesto
avrebbe	chiesto
avremmo	chiesto
avreste	chiesto
avrẹbbero	chiesto

Imperativo

—	
(tu)	chiedi
(Lei)	chieda
(noi)	chiediamo
(voi)	chiedete
(loro)	chiẹdano

Gerundio

Presente	Passato
chiedendo	avendo chiesto

Infinito

Passato

avere chiesto

Participio

Passato

chiesto

Beispiele und Wendungen

Chiedo a Marianna se viene anche lei.
Ich frage Marianna, ob sie auch kommt.

Il rapitore chiede un milione di euro alla polizia.
Der Entführer verlangt eine Million Euro von der Polizei.

chiedere a qu	*jdn. fragen*
chieder qc (a qu)	*etw. (von jdm.) verlangen, jdn. um etw. bitten*
chiedere di qu	*nach jdm. fragen*

Weitere Verben

richiedere

richiedere qc	*etw. verlangen, erfordern*

Una partita a scacchi richiede molto tempo.
Eine Partie Schach erfordert viel Zeit.

Besonderheiten

Im Passato remoto gibt es drei unregelmäßige Formen: chiesi, chiese und chiesero.

Tipp

Lernen Sie chiedere immer mit der passenden Präposition, z. B. chiedere **di** Maria (*nach Maria fragen*). Bilden Sie im Passato remoto Beispielsätze zu jeder Person, damit Sie sich die Formen besser merken:

Chiesi un favore ad un amico.	*Ich bat einen Freund um einen Gefallen.*

Eigene Notizen:

20 chiudere

schließen

Indicativo

Presente	Passato prossimo	
chiudo	ho	chiuso
chiudi	hai	chiuso
chiude	ha	chiuso
chiudiamo	abbiamo	chiuso
chiudete	avete	chiuso
chiudono	hanno	chiuso

Imperfetto	Trapassato prossimo	
chiudevo	avevo	chiuso
chiudevi	avevi	chiuso
chiudeva	aveva	chiuso
chiudevamo	avevamo	chiuso
chiudevate	avevate	chiuso
chiudevano	avevano	chiuso

Passato remoto	Trapassato remoto	
chiusi	ebbi	chiuso
chiudesti	avesti	chiuso
chiuse	ebbe	chiuso
chiudemmo	avemmo	chiuso
chiudeste	aveste	chiuso
chiusero	ebbero	chiuso

Futuro semplice	Futuro anteriore	
chiuderò	avrò	chiuso
chiuderai	avrai	chiuso
chiuderà	avrà	chiuso
chiuderemo	avremo	chiuso
chiuderete	avrete	chiuso
chiuderanno	avranno	chiuso

Congiuntivo

Presente
chiuda
chiuda
chiuda
chiudiamo
chiudiate
chiudano

Imperfetto
chiudessi
chiudessi
chiudesse
chiudessimo
chiudeste
chiudessero

Passato	
abbia	chiuso
abbia	chiuso
abbia	chiuso
abbiamo	chiuso
abbiate	chiuso
abbiano	chiuso

Trapassato	
avessi	chiuso
avessi	chiuso
avesse	chiuso
avessimo	chiuso
aveste	chiuso
avessero	chiuso

Condizionale

Presente
chiuderei
chiuderesti
chiuderebbe
chiuderemmo
chiudereste
chiuderebbero

Passato	
avrei	chiuso
avresti	chiuso
avrebbe	chiuso
avremmo	chiuso
avreste	chiuso
avrebbero	chiuso

Imperativo

—	
(tu)	chiudi
(Lei)	chiuda
(noi)	chiudiamo
(voi)	chiudete
(loro)	chiudano

Gerundio

Presente	Passato
chiudendo	avendo chiuso

Infinito

Passato

avere chiuso

Participio

Passato

chiuso

Beispiele und Wendungen

Chiudi la porta, per favore!
Mach bitte die Tür zu!

chiudere il file	*die Datei schließen*
chiudere la radio	*das Radio abstellen*
chiudersi dentro / fuori	*sich einsperren / aussperren*
chiudere con qn	*mit jmd. abschließen / fertig sein*
chiudere la discussione	*die Diskussion beenden*

Weitere Verben

alludere - concludere - deludere - illudere - rinchiudere

alludere a qc	*auf etw. anspielen*
per concludere	*abschließend*
deludere qn	*jmd. enttäuschen*
illudersi	*sich etw. vormachen*
rinchiudersi in una stanza	*sich in ein Zimmer einschließen*

Besonderheiten

Im Passato remoto gibt es drei unregelmäßige Formen: chiusi, chiuse und chiusero.

Tipp

Lernen Sie chiudere zusammen mit chiedere, da sich beide sehr ähnlich sind.

Eigene Notizen:

cogliere

pflücken

-gli- + -i- bleibt -gli- / -gli- wird zu -lg-, -ls-

Indicativo

Presente	Passato prossimo	
colgo	ho	colto
cogli	hai	colto
coglie	ha	colto
cogliamo	abbiamo	colto
cogliete	avete	colto
colgono	hanno	colto

Imperfetto	Trapassato prossimo	
coglievo	avevo	colto
coglievi	avevi	colto
coglieva	aveva	colto
coglievamo	avevamo	colto
coglievate	avevate	colto
coglievano	avevano	colto

Passato remoto	Trapassato remoto	
colsi	ebbi	colto
cogliesti	avesti	colto
colse	ebbe	colto
cogliemmo	avemmo	colto
coglieste	aveste	colto
colsero	ebbero	colto

Futuro semplice	Futuro anteriore	
coglierò	avrò	colto
coglierai	avrai	colto
coglierà	avrà	colto
coglieremo	avremo	colto
coglierete	avrete	colto
coglieranno	avranno	colto

Congiuntivo

Presente	Imperfetto
colga	cogliessi
colga	cogliessi
colga	cogliesse
cogliamo	cogliessimo
cogliate	coglieste
colgano	cogliessero

Passato		Trapassato	
abbia	colto	avessi	colto
abbia	colto	avessi	colto
abbia	colto	avesse	colto
abbiamo	colto	avessimo	colto
abbiate	colto	aveste	colto
abbiano	colto	avessero	colto

Condizionale

Presente	Passato	
coglierei	avrei	colto
coglieresti	avresti	colto
coglierebbe	avrebbe	colto
coglieremmo	avremmo	colto
cogliereste	avreste	colto
coglierebbero	avrebbero	colto

Imperativo

—	
(tu)	cogli
(Lei)	colga
(noi)	cogliamo
(voi)	cogliete
(loro)	colgano

Gerundio

Presente	Passato
cogliendo	avendo colto

Infinito

Passato

avere colto

Participio

Passato

colto

coglière

pflücken

Beispiele und Wendungen

Fabrizio coglie una mela.
Fabrizio pflückt einen Apfel.

cogliere l'occasione	*die Gelegenheit wahrnehmen / nutzen*
cogliere qu in flagrante	*jdn. in flagranti erwischen*

Weitere Verben

accogliere - raccogliere - togliere - sciogliere

accogliere qu	*jdn. aufnehmen / empfangen*
raccogliere qc	*etw. aufheben / (auf)sammeln*
sciogliere i muscoli	*die Muskeln lockern*
togliere qc da qu	*jdm. etw. wegnehmen*

Il dentista mi deve togliere un dente.
Der Zahnarzt muss mir einen Zahn ziehen.

Besonderheiten

Folgendes ist bei den Verben auf -gliere zu beachten:
-gli- + -i- wird -gli- (co**gli**, co**gli**amo)
-gli- wird -lg- (co**lg**o, co**lg**ono)
-gli- wird -ls- (co**ls**i, co**ls**e, co**ls**ero)

Tipp

Für Italienischlerner stellt die Aussprache von -gli-* häufig ein Problem dar. Vergleichen Sie diesen Laut mit -lj- in dem Wort *Kabeljau*.
* Vgl. tagliare, scegliere

Eigene Notizen:

compiere

vollenden

-i- + -i- wird -i- / -i- + -e- wird -i-

(Ausnahme: compie, compiendo)

Indicativo

Presente	Passato prossimo	
compio	ho	compiuto
compi	hai	compiuto
compie	ha	compiuto
compiamo	abbiamo	compiuto
compite	avete	compiuto
compiono	hanno	compiuto

Imperfetto	Trapassato prossimo	
compivo	avevo	compiuto
compivi	avevi	compiuto
compiva	aveva	compiuto
compivamo	avevamo	compiuto
compivate	avevate	compiuto
compivano	avevano	compiuto

Passato remoto	Trapassato remoto	
compii	ebbi	compiuto
compisti	avesti	compiuto
compì	ebbe	compiuto
compimmo	avemmo	compiuto
compiste	aveste	compiuto
compirono	ebbero	compiuto

Futuro semplice	Futuro anteriore	
compirò	avrò	compiuto
compirai	avrai	compiuto
compirà	avrà	compiuto
compiremo	avremo	compiuto
compirete	avrete	compiuto
compiranno	avranno	compiuto

Congiuntivo

Presente
compia
compia
compia
compiamo
compiate
compiano

Imperfetto
compissi
compissi
compisse
compissimo
compiste
compissero

Passato	
abbia	compiuto
abbia	compiuto
abbia	compiuto
abbiamo	compiuto
abbiate	compiuto
abbiano	compiuto

Trapassato	
avessi	compiuto
avessi	compiuto
avesse	compiuto
avessimo	compiuto
aveste	compiuto
avessero	compiuto

Condizionale

Presente
compirei
compiresti
compirebbe
compiremmo
compireste
compirebbero

Passato	
avrei	compiuto
avresti	compiuto
avrebbe	compiuto
avremmo	compiuto
avreste	compiuto
avrebbero	compiuto

Imperativo

—	
(tu)	compi
(Lei)	compia
(noi)	compiamo
(voi)	compite
(loro)	compiano

Gerundio

Presente	Passato
compiendo	avendo compiuto

Infinito

Passato

avere compiuto

Participio

Passato

compiuto

Beispiele und Wendungen

Il figlio di Marco compie 12 anni.
Der Sohn von Marco wird 12 Jahre alt.

Ho compiuto il mio dovere.
Ich habe meine Pflicht erfüllt.

compiere ... anni	*... Jahre alt werden*
compiere gli anni	*Geburtstag haben*
compiere qc	*etw. vollenden, erfüllen*

Weitere Verben

adempiere

adempiersi	*sich erfüllen, in Erfüllung gehen*

Le previsioni di ieri si adempiono.
Die Wettervorhersage von gestern erfüllt sich.

Besonderheiten

Bitte beachten Sie:
-i- + -i- wird -i- (z. B. comp**i**, comp**i**amo, comp**i**te)
-i- + -e- wird -i- (z. B. comp**i**rò, comp**i**rei), Ausnahme: comp**ie**, comp**ie**ndo

Tipp

Die Kombination -ie- kommt nur bei compie und compiendo vor. Prägen Sie sich daher beide Formen gut ein. Merken Sie sich auch die 1. Person Singular des Passato remoto (comp**ii**).

Eigene Notizen:

condurre

führen

Indicativo

Presente

conduco
conduci
conduce
conduciamo
conducete
condụcono

Passato prossimo

ho	condotto
hai	condotto
ha	condotto
abbiamo	condotto
avete	condotto
hanno	condotto

Imperfetto

conducevo
conducevi
conduceva
conducevamo
conducevate
conducẹvano

Trapassato prossimo

avevo	condotto
avevi	condotto
aveva	condotto
avevamo	condotto
avevate	condotto
avẹvano	condotto

Passato remoto

condussi
conducesti
condusse
conducemmo
conduceste
condụssero

Trapassato remoto

ebbi	condotto
avesti	condotto
ebbe	condotto
avemmo	condotto
aveste	condotto
ẹbbero	condotto

Futuro semplice

condurrò
condurrai
condurrà
condurremo
condurrete
condurranno

Futuro anteriore

avrò	condotto
avrai	condotto
avrà	condotto
avremo	condotto
avrete	condotto
avranno	condotto

Congiuntivo

Presente

conduca
conduca
conduca
conduciamo
conduciate
condụcano

Imperfetto

conducessi
conducessi
conducesse
conducẹssimo
conduceste
conducẹssero

Passato

abbia	condotto
abbia	condotto
abbia	condotto
abbiamo	condotto
abbiate	condotto
ạbbiano	condotto

Trapassato

avessi	condotto
avessi	condotto
avesse	condotto
avẹssimo	condotto
aveste	condotto
avẹssero	condotto

Condizionale

Presente

condurrei
condurresti
condurrebbe
condurremmo
condurreste
condurrẹbbero

Passato

avrei	condotto
avresti	condotto
avrebbe	condotto
avremmo	condotto
avreste	condotto
avrẹbbero	condotto

Imperativo

—	
(tu)	conduci
(Lei)	conduca
(noi)	conduciamo
(voi)	conducete
(loro)	condụcano

Gerundio

Presente

conducendo

Passato

avendo condotto

Infinito

Passato

avere condotto

Participio

Passato

condotto

Beispiele und Wendungen

Il direttore mi conduce nell'ufficio.
Der Direktor führt mich ins Büro.

condurre qu	*jdn. bringen / führen*
condurre una trasmissione	*eine Sendung moderieren*

Weitere Verben

introdurre - produrre - ridurre - sedurre - tradurre

introdurre qc / qu	*etw. / jdn. einführen*
produrre qc	*etw. produzieren, erzeugen*
ridurre i prezzi	*die Preise senken*
sedurre qu	*jdn. verführen*
tradurre un romanzo	*einen Roman übersetzen*

Besonderheiten

Das Verb condurre stammt aus der veralteten Form conducere*. Die Endung -urre von condurre ist vor allem in der Konjugation des Futurs und Konditional Präsens erkennbar, in allen anderen Zeiten und Modi ist das -c- von conducere noch erkennbar.
* Vgl. bere, dire, fare, porre, trarre

Tipp

Lernen Sie die Formen des Präsens und Imperfekts, indem Sie die veraltete Form conducere zu Hilfe nehmen. Konjugieren Sie so, als ob es sich um ein gewöhnliches Verb auf -ere handeln würde (vgl. conduc**o**, conduc**evo** etc.).

Eigene Notizen:

24 cuọcere

kochen, backen

-uo- wird -o- / -c- wird -ci- vor Endungen auf -a und -o

Indicativo

Presente

cuocio
cuoci
cuoce
c(u)ociamo
c(u)ocete
cuọciono

Passato prossimo

ho	cotto
hai	cotto
ha	cotto
abbiamo	cotto
avete	cotto
hanno	cotto

Imperfetto

c(u)ocevo
c(u)ocevi
c(u)oceva
c(u)ocevamo
c(u)ocevate
c(u)ocẹvano

Trapassato prossimo

avevo	cotto
avevi	cotto
aveva	cotto
avevamo	cotto
avevate	cotto
avẹvano	cotto

Passato remoto

cossi
c(u)ocesti
cosse
c(u)ocemmo
c(u)oceste
cọssero

Trapassato remoto

ebbi	cotto
avesti	cotto
ebbe	cotto
avemmo	cotto
aveste	cotto
ẹbbero	cotto

Futuro semplice

c(u)ocerò
c(u)ocerai
c(u)ocerà
c(u)oceremo
c(u)ocerete
c(u)oceranno

Futuro anteriore

avrò	cotto
avrai	cotto
avrà	cotto
avremo	cotto
avrete	cotto
avranno	cotto

Congiuntivo

Presente

cuocia
cuocia
cuocia
c(u)ociamo
c(u)ociate
cuọciano

Imperfetto

c(u)ocessi
c(u)ocessi
c(u)ocesse
c(u)ocẹssimo
c(u)oceste
c(u)ocẹssero

Passato

abbia	cotto
abbia	cotto
abbia	cotto
abbiamo	cotto
abbiate	cotto
ạbbiano	cotto

Trapassato

avessi	cotto
avessi	cotto
avesse	cotto
avẹssimo	cotto
aveste	cotto
avẹssero	cotto

Condizionale

Presente

c(u)ocerei
c(u)oceresti
c(u)ocerebbe
c(u)oceremmo
c(u)ocereste
c(u)ocerebbero

Passato

avrei	cotto
avresti	cotto
avrebbe	cotto
avremmo	cotto
avreste	cotto
avrẹbbero	cotto

Imperativo

—	
(tu)	cuoci
(Lei)	cuocia
(noi)	c(u)ociamo
(voi)	c(u)ocete
(loro)	cuọciano

Gerundio

Presente

c(u)ocendo

Passato

avendo cotto

Infinito

Passato

avere cotto

Participio

Passato

cotto

Beispiele und Wendungen

Il brodo deve cuocere un'ora e mezza.
Die Brühe muss eineinhalb Stunden kochen.

cuocere qc nell'acqua	*etw. kochen, sieden*
cuocere qc in forno	*etw. backen*
cuocere qc a fuoco lento / vivo	etw. bei kleiner / großer Flamme kochen

Weitere Verben

scuocere

far scuocere la pasta	*die Nudeln verkochen lassen*

Besonderheiten

Bei diesen Verben auf -cere wird vor -a und -o ein -i- eingefügt, um eine einheitliche Aussprache beizubehalten (z. B. cuoc**i**o, cuoc**i**a). Der Laut ist somit bei allen Formen der gleiche wie in **ci**ao.

Tipp

Bitte beachten Sie, dass es im Italienischen mehrere Möglichkeiten gibt, um *kochen* auszudrücken. Cuocere bedeutet *kochen* im Sinne von *kochen lassen*, *garen*. Um die Tätigkeit an sich, also das Zubereiten einer Mahlzeit auszudrücken, benutzt man cucinare:

Francesco cucina molto bene.	*Francesco kocht sehr gut.*

Das *Kochen* bzw. *Sieden* von Wasser wird mit bollire / far bollire wiedergegeben:

Faccio bollire l'acqua.	*Ich bringe das Wasser zum Kochen.*

Eigene Notizen:

dire

sagen

Indicativo

Presente	Passato prossimo	
dico	ho	detto
dici	hai	detto
dice	ha	detto
diciamo	abbiamo	detto
dite	avete	detto
dicono	hanno	detto

Imperfetto	Trapassato prossimo	
dicevo	avevo	detto
dicevi	avevi	detto
diceva	aveva	detto
dicevamo	avevamo	detto
dicevate	avevate	detto
dicevano	avevano	detto

Passato remoto	Trapassato remoto	
dissi	ebbi	detto
dicesti	avesti	detto
disse	ebbe	detto
dicemmo	avemmo	detto
diceste	aveste	detto
dissero	ebbero	detto

Futuro semplice	Futuro anteriore	
dirò	avrò	detto
dirai	avrai	detto
dirà	avrà	detto
diremo	avremo	detto
direte	avrete	detto
diranno	avranno	detto

Congiuntivo

Presente
dica
dica
dica
diciamo
diciate
dicano

Imperfetto
dicessi
dicessi
dicesse
dicessimo
diceste
dicessero

Passato	
abbia	detto
abbia	detto
abbia	detto
abbiamo	detto
abbiate	detto
abbiano	detto

Trapassato	
avessi	detto
avessi	detto
avesse	detto
avessimo	detto
aveste	detto
avessero	detto

Condizionale

Presente
direi
diresti
direbbe
diremmo
direste
direbbero

Passato	
avrei	detto
avresti	detto
avrebbe	detto
avremmo	detto
avreste	detto
avrebbero	detto

Imperativo

—	
(tu)	di'
(Lei)	dica
(noi)	diciamo
(voi)	dite
(loro)	dicano

Gerundio

Presente	Passato
dicendo	avendo detto

Infinito

Passato

avere detto

Participio

Passato

detto

Beispiele und Wendungen

Giorgio dice quasi sempre la verità.
Giorgio sagt fast immer die Wahrheit.

Ti ho detto di andare a casa!
Ich habe dir doch gesagt, dass du nach Hause gehen sollst!

Come si dice ...?	*Wie sagt man ...?/Was heißt...?*
dire di sì / no	*Ja / Nein sagen*
Come sarebbe a dire?	*Was soll das heißen?*
Dico sul serio!	*Das meine ich im Ernst!*

Weitere Verben

benedire - contraddire - disdire - interdire - maledire

Dio ti benedica!	*Gott segne dich!*
disdire un appuntamento	*einen Termin absagen*

Besonderheiten

Das Verb dire stammt aus der veralteten Form dicere*. Die Endung -ire von dire ist vor allem in der Konjugation des Futurs und Konditional Präsens erkennbar, in allen anderen Zeiten und Modi ist das -c- von dicere noch erkennbar.

* Vgl. bere, condurre, fare, porre, trarre

Tipp

Lernen Sie die Formen des Präsens und Imperfekts, indem Sie die veraltete Form dicere zu Hilfe nehmen (vgl. dic**o**, dic**evo** etc.). Achten Sie jedoch auf die 2. Pers. Pl. im Präsens, sie ist eine Ausnahme und wird von dire abgeleitet.

Eigene Notizen:

dolere

wehtun

Indicativo

Presente

dolgo
duoli
duole
doliamo/dogliamo
dolete
dọlgono

Passato prossimo

ho	doluto
hai	doluto
ha	doluto
abbiamo	doluto
avete	doluto
hanno	doluto

Imperfetto

dolevo
dolevi
doleva
dolevamo
dolevate
dolẹvano

Trapassato prossimo

avevo	doluto
avevi	doluto
aveva	doluto
avevamo	doluto
avevate	doluto
avẹvano	doluto

Passato remoto

dolsi
dolesti
dolse
dolemmo
doleste
dọlsero

Trapassato remoto

ebbi	doluto
avesti	doluto
ebbe	doluto
avemmo	doluto
aveste	doluto
ẹbbero	doluto

Futuro semplice

dorrò
dorrai
dorrà
dorremo
dorrete
dorranno

Futuro anteriore

avrò	doluto
avrai	doluto
avrà	doluto
avremo	doluto
avrete	doluto
avranno	doluto

Congiuntivo

Presente

dolga
dolga
dolga
doliamo/dogliamo
doliate/dogliate
dọlgano

Imperfetto

dolessi
dolessi
dolesse
dolẹssimo
doleste
dolẹssero

Passato

abbia	doluto
abbia	doluto
abbia	doluto
abbiamo	doluto
abbiate	doluto
ạbbiano	doluto

Trapassato

avessi	doluto
avessi	doluto
avesse	doluto
avẹssimo	doluto
aveste	doluto
avẹssero	doluto

Condizionale

Presente

dorrei
dorresti
dorrebbe
dorremmo
dorreste
dorrẹbbero

Passato

avrei	doluto
avresti	doluto
avrebbe	doluto
avremmo	doluto
avreste	doluto
avrẹbbero	doluto

Imperativo

—	
(tu)	duọli
(Lei)	dolga
(noi)	doliạmo/dogliạmo
(voi)	dolẹte
(loro)	dọlgano

Gerundio

Presente

dolendo

Passato

avendo doluto

Infinito

Passato

avere doluto

Participio

Passato

doluto

Beispiele und Wendungen

Vado dal dentista perché mi dolgono i denti.
Ich gehe zum Zahnarzt, weil ich Zahnschmerzen habe.

dolere a qu — *wehtun / schmerzen, bedauern*

Weitere Verben

dolersi - condolersi

dolersi di qc — *sich über etw. beklagen, beschweren*
condolersi con qn — *jdm. sein Beileid ausdrücken*

Mi duole di non poter venire.
Ich bedaure es, dass ich nicht kommen kann.

Besonderheiten

Das Verb weist einige Besonderheiten auf.

Zum einen ist -uo- in der 2. und 3. Person Präsens Indikativ zu beachten (d**uo**li, d**uo**le).

Im Futur und Konditional Präsens finden Sie nicht den Wortstamm des Infinitivs vor, sondern dorr- (z. B. **dorr**ò, **dorr**ei etc.).

Außerdem sind auch die Doppelformen doliamo / dogliamo und doliate / dogliate erwähnenswert, wobei doliamo und doliate die bevorzugte Variante ist.

Die zusammengesetzten Zeiten werden auch mit essere gebildet.

Tipp

Das Verb wird häufig in der 3. Person Singular oder Plural verwendet. Prägen Sie sich daher die entsprechenden Formen gut ein.

Ein kleiner Hinweis: In dem Verb dolere steckt das Wort dolore *Schmerz*.

Eigene Notizen:

27 **dovere**

müssen, sollen

Indicativo

Presente	Passato prossimo	
devo	ho	dovuto
devi	hai	dovuto
deve	ha	dovuto
dobbiamo	abbiamo	dovuto
dovete	avete	dovuto
devono	hanno	dovuto

Imperfetto	Trapassato prossimo	
dovevo	avevo	dovuto
dovevi	avevi	dovuto
doveva	aveva	dovuto
dovevamo	avevamo	dovuto
dovevate	avevate	dovuto
dovevano	avevano	dovuto

Passato remoto	Trapassato remoto	
dovetti	ebbi	dovuto
dovesti	avesti	dovuto
dovette	ebbe	dovuto
dovemmo	avemmo	dovuto
doveste	aveste	dovuto
dovettero	ebbero	dovuto

Futuro semplice	Futuro anteriore	
dovrò	avrò	dovuto
dovrai	avrai	dovuto
dovrà	avrà	dovuto
dovremo	avremo	dovuto
dovrete	avrete	dovuto
dovranno	avranno	dovuto

Congiuntivo

Presente	Imperfetto
debba	dovessi
debba	dovessi
debba	dovesse
dobbiamo	dovessimo
dobbiate	doveste
debbano	dovessero

Passato		Trapassato	
abbia	dovuto	avessi	dovuto
abbia	dovuto	avessi	dovuto
abbia	dovuto	avesse	dovuto
abbiamo	dovuto	avessimo	dovuto
abbiate	dovuto	aveste	dovuto
abbiano	dovuto	avessero	dovuto

Condizionale

Presente	Passato	
dovrei	avrei	dovuto
dovresti	avresti	dovuto
dovrebbe	avrebbe	dovuto
dovremmo	avremmo	dovuto
dovreste	avreste	dovuto
dovrebbero	avrebbero	dovuto

Imperativo

—
—
—
—
—
—

Gerundio

Presente	Passato
dovendo	avendo dovuto

Infinito

Passato

avere dovuto

Participio

Passato

dovuto

Beispiele und Wendungen

È già tardi. Devo andare a casa.
Es ist schon spät. Ich muss nach Hause gehen.

Gianni mi deve ancora dieci euro.
Gianni schuldet mir noch zehn Euro.

dover fare qc	*etw. tun müssen*
non dover fare qc	*etw. nicht zu tun brauchen / nicht tun müssen*
come si deve	*wie es sich gehört*
dovere qc a qu	*jdm. etw. schulden*
Quanto ti devo?	*Wie viel schulde ich dir?*

Besonderheiten

Im Futur und Konditional Präsens ist der Verbstamm verkürzt (vgl. dovrò ↔ chiud**e**rò, dovrei ↔ chied**e**rei).
Die zusammengesetzen Zeiten von dovere werden in der Regel mit dem Hilfsverb avere gebildet. Folgt dem Verb allerdings noch ein Infinitiv, so verlangt dovere dasselbe Hilfsverb wie der nachfolgende Infintiv.
(Vgl. potere, volere)

Ho dovuto prendere una decisione.	*Ich musste eine Entscheidung treffen.*
Non sono dovuto venire.	*Ich musste nicht kommen.*

Tipp

Dovere gehört neben potere, volere und sapere zu den Modalverben. Diese werden im Italienischen sehr häufig verwendet. Lernen Sie deren Bedeutung und Konjugation daher sehr sorgfältig.

Merken Sie sich: dovere ist auch ein Substantiv mit der Bedeutung *Pflicht*:
Alberto fa il suo dovere. *Alberto tut seine Pflicht.*

Eigene Notizen:

fare

machen, tun

Indicativo

Presente	Passato prossimo
faccio	ho fatto
fai	hai fatto
fa	ha fatto
facciamo	abbiamo fatto
fate	avete fatto
fanno	hanno fatto

Imperfetto	Trapassato prossimo
facevo	avevo fatto
facevi	avevi fatto
faceva	aveva fatto
facevamo	avevamo fatto
facevate	avevate fatto
facevano	avevano fatto

Passato remoto	Trapassato remoto
feci	ebbi fatto
facesti	avesti fatto
fece	ebbe fatto
facemmo	avemmo fatto
faceste	aveste fatto
fecero	ebbero fatto

Futuro semplice	Futuro anteriore
farò	avrò fatto
farai	avrai fatto
farà	avrà fatto
faremo	avremo fatto
farete	avrete fatto
faranno	avranno fatto

Congiuntivo

Presente	Imperfetto	Passato	Trapassato
faccia	facessi	abbia fatto	avessi fatto
faccia	facessi	abbia fatto	avessi fatto
faccia	facesse	abbia fatto	avesse fatto
facciamo	facessimo	abbiamo fatto	avessimo fatto
facciate	faceste	abbiate fatto	aveste fatto
facciano	facessero	abbiano fatto	avessero fatto

Condizionale

Presente	Passato
farei	avrei fatto
faresti	avresti fatto
farebbe	avrebbe fatto
faremmo	avremmo fatto
fareste	avreste fatto
farebbero	avrebbero fatto

Imperativo

—	
(tu)	fa'/fai
(Lei)	faccia
(noi)	facciamo
(voi)	fate
(loro)	facciano

Gerundio

Presente	Passato
facendo	avendo fatto

Infinito

Passato

avere fatto

Participio

Passato

fatto

Beispiele und Wendungen

Che cosa facciamo stasera?
Was machen wir heute Abend?

Giancarlo fa venire il medico.
Giancarlo lässt den Arzt kommen.

fare colazione	*frühstücken*
fa caldo / freddo	*es ist warm / kalt*
Quanto fa?	*Wie viel macht / kostet das?*

Weitere Verben

rifare - soddisfare - stupefare

rifare qc	*etw. neu machen / wiederholen*
soddisfare qu	*jdn. zufrieden stellen*
stupefare qu	*jdn. erstaunen*

Besonderheiten

Das Verb fare stammt aus der veralteten Form facere.* Die Endung von fare ist vor allem in der Konjugation des Futurs und Konditional Präsens erkennbar.
* Vgl. bere, condurre, dire, porre, trarre

Beachten Sie beim Imperativ die zwei möglichen Formen fa' / fai. Diese Doppelformen finden sich auch bei andare, dare und stare.

Tipp

Die oben genannten Wendungen mit fare sind nur eine kleine Auswahl. Ähnlich dem deutschen Wort *tun* handelt es sich bei fare um ein häufiges Wort, mit dessen Hilfe zahlreiche Ausdrücke gebildet werden können.

Eigene Notizen:

29 godere

-er- wird -r-

genießen

Indicativo

Presente

godo
godi
gode
godiamo
godete
gọdono

Imperfetto

godevo
godevi
godeva
godevamo
godevate
godẹvano

Passato remoto

godei/-etti
godesti
godé/-ette
godemmo
godeste
godẹrono/-ẹttero

Futuro semplice

godrò
godrai
godrà
godremo
godrete
godranno

Passato prossimo

ho	goduto
hai	goduto
ha	goduto
abbiamo	goduto
avete	goduto
hanno	goduto

Trapassato prossimo

avevo	goduto
avevi	goduto
aveva	goduto
avevamo	goduto
avevate	goduto
avẹvano	goduto

Trapassato remoto

ebbi	goduto
avesti	goduto
ebbe	goduto
avemmo	goduto
aveste	goduto
ẹbbero	goduto

Futuro anteriore

avrò	goduto
avrai	goduto
avrà	goduto
avremo	goduto
avrete	goduto
avranno	goduto

Congiuntivo

Presente

goda
goda
goda
godiamo
godiate
gọdano

Imperfetto

godessi
godessi
godesse
godẹssimo
godeste
godẹssero

Passato

abbia	goduto
abbia	goduto
abbia	goduto
abbiamo	goduto
abbiate	goduto
ạbbiano	goduto

Trapassato

avessi	goduto
avessi	goduto
avesse	goduto
avẹssimo	goduto
aveste	goduto
avẹssero	goduto

Condizionale

Presente

godrei
godresti
godrebbe
godremmo
godreste
godrẹbbero

Passato

avrei	goduto
avresti	goduto
avrebbe	goduto
avremmo	goduto
avreste	goduto
avrẹbbero	goduto

Imperativo

—	
(tu)	godi
(Lei)	goda
(noi)	godiamo
(voi)	godete
(loro)	gọdano

Gerundio

Presente

godendo

Passato

avendo goduto

Infinito

Passato

avere goduto

Participio

Passato

goduto

Beispiele und Wendungen

I turisti si godono il panorama di Napoli.
Die Touristen genießen das Panorama von Neapel.

La nonna di Fabrizio gode di ottima salute.
Die Großmutter von Fabrizio erfreut sich bester Gesundheit.

godere qc	*etw. genießen*
godersi qc	*etw. sehr genießen*
godere di buona salute	*sich guter Gesundheit erfreuen*
godersela	*es sich gut gehen lassen*

Weitere Verben

stragodere	
stragodere	*sich freuen wie ein Schneekönig*

Besonderheiten

Im Futur und Konditional Präsens ist der Verbstamm verkürzt (vgl. godrò ↔ chiud**e**rò, godrei ↔ chied**e**rei).

Die Vorsilbe stra- (stragodere) hat die Funktion eines Superlativs. Solche Verben sind jedoch überwiegend in der Jugendsprache zu finden und nicht im normalen Sprachgebrauch. Man findet diese Vorsilbe noch bei anderen Verben, wie z. B. strafogarsi *sich überfressen*, stravincere *haushoch gewinnen*.

Tipp

Merken Sie sich den Bedeutungsunterschied zwischen godere qc / godersi qc *etw. (sehr) genießen* und godere di qc *sich einer Sache erfreuen*.

Eigene Notizen:

muovere

-uo- wird -o- / -uov- wird -oss-

bewegen

Indicativo

Presente	Passato prossimo	
muovo	ho	mosso
muovi	hai	mosso
muove	ha	mosso
m(u)oviamo	abbiamo	mosso
m(u)ovete	avete	mosso
muovono	hanno	mosso

Imperfetto	Trapassato prossimo	
m(u)ovevo	avevo	mosso
m(u)ovevi	avevi	mosso
m(u)oveva	aveva	mosso
m(u)ovevamo	avevamo	mosso
m(u)ovevate	avevate	mosso
m(u)ovevano	avevano	mosso

Passato remoto	Trapassato remoto	
mossi	ebbi	mosso
m(u)ovesti	avesti	mosso
mosse	ebbe	mosso
m(u)ovemmo	avemmo	mosso
m(u)oveste	aveste	mosso
mossero	ebbero	mosso

Futuro semplice	Futuro anteriore	
m(u)overò	avrò	mosso
m(u)overai	avrai	mosso
m(u)overà	avrà	mosso
m(u)overemo	avremo	mosso
m(u)overete	avrete	mosso
m(u)overanno	avranno	mosso

Congiuntivo

Presente
muova
muova
muova
m(u)oviamo
m(u)oviate
muovano

Imperfetto
m(u)ovessi
m(u)ovessi
m(u)ovesse
m(u)ovessimo
m(u)oveste
m(u)ovessero

Passato	
abbia	mosso
abbia	mosso
abbia	mosso
abbiamo	mosso
abbiate	mosso
abbiano	mosso

Trapassato	
avessi	mosso
avessi	mosso
avesse	mosso
avessimo	mosso
aveste	mosso
avessero	mosso

Condizionale

Presente
m(u)overei
m(u)overesti
m(u)overebbe
m(u)overemmo
m(u)overeste
m(u)overebbero

Passato	
avrei	mosso
avresti	mosso
avrebbe	mosso
avremmo	mosso
avreste	mosso
avrebbero	mosso

Imperativo

—	
(tu)	muovi
(Lei)	muova
(noi)	m(u)oviamo
(voi)	m(u)ovete
(loro)	muovano

Gerundio

Presente	Passato
m(u)ovendo	avendo mosso

Infinito

Passato
avere mosso

Participio

Passato
mosso

Beispiele und Wendungen

Non riesco a muovere il braccio. Mi fa troppo male.
Ich kann meinen Arm nicht bewegen. Er tut so weh.

muovere qc	*etw. bewegen*
muoversi	*sich bewegen*
Dai, muoviti!	*Los, beeil dich!*

Weitere Verben

commuovere - promuovere

commuoversi	*gerührt sein*
promuovere (un alunno)	*(einen Schüler) versetzen*

Besonderheiten

-uo- wird -o-
-uov- wird -oss-
Die Formen mit -o- sind im Allgemeinen etwas verbreiteter als jene mit -uo-, sofern der Wortakzent nicht auf diese Silbe fällt.
Bitte beachten Sie die drei unregelmäßigen Formen mossi, mosse und mossero im Passato remoto.

Tipp

Lesen Sie die Formen laut vor und achten Sie auf die Betonungen, die in der Tabelle speziell gekennzeichnet sind. Fällt die Betonung auf -uo- (z. B. muovono) so liegt der Akzent stets auf dem -o-.*
* Vgl. nuocere, morire, scuotere

Eigene Notizen:

nuocere

schaden

-c- wird -cci- vor -a und -o / -uoc- wird -ocqu-

Indicativo

Presente	Passato prossimo	
n(u)occio	ho	n(u)ociuto
nuoci	hai	n(u)ociuto
nuoce	ha	n(u)ociuto
n(u)ociamo	abbiamo	n(u)ociuto
n(u)ocete	avete	n(u)ociuto
n(u)occiono	hanno	n(u)ociuto

Imperfetto	Trapassato prossimo	
n(u)ocevo	avevo	n(u)ociuto
n(u)ocevi	avevi	n(u)ociuto
n(u)oceva	aveva	n(u)ociuto
n(u)ocevamo	avevamo	n(u)ociuto
n(u)ocevate	avevate	n(u)ociuto
n(u)ocevano	avevano	n(u)ociuto

Passato remoto	Trapassato remoto	
nocqui	ebbi	n(u)ociuto
n(u)ocesti	avesti	n(u)ociuto
nocque	ebbe	n(u)ociuto
n(u)ocemmo	avemmo	n(u)ociuto
n(u)oceste	aveste	n(u)ociuto
nocquero	ebbero	n(u)ociuto

Futuro semplice	Futuro anteriore	
n(u)ocerò	avrò	n(u)ociuto
n(u)ocerai	avrai	n(u)ociuto
n(u)ocerà	avrà	n(u)ociuto
n(u)oceremo	avremo	n(u)ociuto
n(u)ocerete	avrete	n(u)ociuto
n(u)oceranno	avranno	n(u)ociuto

Congiuntivo

Presente	Imperfetto
n(u)occia	n(u)ocessi
n(u)occia	n(u)ocessi
n(u)occia	n(u)ocesse
n(u)ociamo	n(u)ocessimo
n(u)ociate	n(u)oceste
n(u)occiano	n(u)ocessero

Passato		Trapassato	
abbia	n(u)ociuto	avessi	n(u)ociuto
abbia	n(u)ociuto	avessi	n(u)ociuto
abbia	n(u)ociuto	avesse	n(u)ociuto
abbiamo	n(u)ociuto	avessimo	n(u)ociuto
abbiate	n(u)ociuto	aveste	n(u)ociuto
abbiano	n(u)ociuto	avessero	n(u)ociuto

Condizionale

Presente	Passato	
n(u)ocerei	avrei	n(u)ociuto
n(u)oceresti	avresti	n(u)ociuto
n(u)ocerebbe	avrebbe	n(u)ociuto
n(u)oceremmo	avremmo	n(u)ociuto
n(u)ocereste	avreste	n(u)ociuto
n(u)ocerebbero	avrebbero	n(u)ociuto

Imperativo

—	
(tu)	nuoci
(Lei)	n(u)occia
(noi)	n(u)ociamo
(voi)	n(u)ocete
(loro)	n(u)occiano

Gerundio

Presente	Passato
n(u)ocendo	avendo n(u)ociuto

Infinito

Passato

avere n(u)ociuto

Participio

Passato

n(u)ociuto

Beispiele und Wendungen

Fumare nuoce alla salute.
Rauchen schadet der Gesunheit.

Tutti quegli scandali nocevano alla reputazione del governo.
Diese ganzen Skandale schadeten dem Ansehen der Regierung.

nuocere a qu / qc	*jdm. / etw. schaden*

Besonderheiten

-c- wird -cci- vor -a und -o (z. B. n(u)o**cci**o, n(u)o**cci**a)
-uoc- wird -ocqu- (n**ocqu**i, n**ocqu**e, n**ocqu**ero)

Die Formen mit -o- sind im Allgemeinen etwas verbreiteter als jene mit -uo-, sofern der Wortakzent nicht auf diese Silbe fällt. Das bedeutet, dass beispielsweise n**o**cẹvano häufiger gebraucht wird als n**uo**cẹvano, wohingegen n**uọ**cciono der Variante nọcciono vorgezogen wird.

Die Endungen des Passato remoto von nuocere sind dieselben wie bei piacere, nascere und tacere (z. B. no**cque** - pia**cque** - na**cque** - ta**cque**).

Tipp

Das Verb wird häufig in der 3. Person verwendet. Prägen Sie sich daher die entsprechenden Formen gut ein.

Fällt die Betonung auf -uo- (z. B. n**uọ**ci) so liegt der Akzent stets auf -o-.*
* Vgl. muovere, morire, scuotere

Eigene Notizen:

32 parere

(er)scheinen

Indicativo

Presente	Passato prossimo	
paio	sono	parso
pari	sei	parso
pare	è	parso
paiamo	siamo	parsi
parete	siete	parsi
paiono	sono	parsi

Imperfetto	Trapassato prossimo	
parevo	ero	parso
parevi	eri	parso
pareva	era	parso
parevamo	eravamo	parsi
parevate	eravate	parsi
parevano	erano	parsi

Passato remoto	Trapassato remoto	
parvi	fui	parso
paresti	fosti	parso
parve	fu	parso
paremmo	fummo	parsi
pareste	foste	parsi
parvero	furono	parsi

Futuro semplice	Futuro anteriore	
parrò	sarò	parso
parrai	sarai	parso
parrà	sarà	parso
parremo	saremo	parsi
parrete	sarete	parsi
parranno	saranno	parsi

Congiuntivo

Presente	Imperfetto
paia	paressi
paia	paressi
paia	paresse
paiamo	paressimo
paiate	pareste
paiano	paressero

Passato		Trapassato	
sia	parso	fossi	parso
sia	parso	fossi	parso
sia	parso	fosse	parso
siamo	parsi	fossimo	parsi
siate	parsi	foste	parsi
siano	parsi	fossero	parsi

Condizionale

Presente	Passato	
parrei	sarei	parso
parresti	saresti	parso
parrebbe	sarebbe	parso
parremmo	saremmo	parsi
parreste	sareste	parsi
parrebbero	sarebbero	parsi

Imperativo

—
—
—
—
—
—

Gerundio

Presente	Passato
parendo	essendo parso

Infinito

Passato

essere parso

Participio

Passato

parso

Beispiele und Wendungen

Mi pare di conoscere quella persona.
Ich glaube, jene Person zu kennen.

Faccio sempre quel che mi pare.
Ich tue immer das, was mir gefällt.

pare di sì / no	*anscheinend ja / nein*
Che ve ne pare?	*Was haltet ihr davon?*
Come ti pare!	*Wie du willst!*
Non mi pare vero!	*Das kann ich nicht glauben!*
Mi pareva!	*Das habe ich mir doch gedacht!*

Besonderheiten

Im Futur und Konditional Präsens ist der Verbstamm verkürzt (vgl. pa**rr**ò ↔ prend**e**rò, pa**rr**ei ↔ prend**e**rei) und erhält zudem -rr-.*
* Vgl. bere: berrei, berrò etc.

Nach parere che steht der Konjunktiv:

Mi pare (che) Laura abbia ragione.	*Es scheint mir, dass Laura Recht hat.*

Tipp

Das Verb wird überwiegend in der 3. Person verwendet. Prägen Sie sich daher die entsprechenden Formen gut ein.

Lernen Sie parere auch in der Verwendung als Substantiv:

sono del parere che (+ Konj.)	*ich bin der Meinung, dass*
a mio parere	*meiner Meinung nach*

Eigene Notizen:

gefallen

Indicativo

Presente	Passato prossimo		Imperfetto	Trapassato prossimo	
piaccio	sono	piaciuto	piacevo	ero	piaciuto
piaci	sei	piaciuto	piacevi	eri	piaciuto
piace	è	piaciuto	piaceva	era	piaciuto
piacciamo	siamo	piaciuti	piacevamo	eravamo	piaciuti
piacete	siete	piaciuti	piacevate	eravate	piaciuti
piacciono	sono	piaciuti	piacevano	erano	piaciuti

Passato remoto	Trapassato remoto		Futuro semplice	Futuro anteriore	
piacqui	fui	piaciuto	piacerò	sarò	piaciuto
piacesti	fosti	piaciuto	piacerai	sarai	piaciuto
piacque	fu	piaciuto	piacerà	sarà	piaciuto
piacemmo	fummo	piaciuti	piaceremo	saremo	piaciuti
piaceste	foste	piaciuti	piacerete	sarete	piaciuti
piacquero	furono	piaciuti	piaceranno	saranno	piaciuti

Congiuntivo

Presente	Imperfetto	Passato		Trapassato	
piaccia	piacessi	sia	piaciuto	fossi	piaciuto
piaccia	piacessi	sia	piaciuto	fossi	piaciuto
piaccia	piacesse	sia	piaciuto	fosse	piaciuto
piacciamo	piacessimo	siamo	piaciuti	fossimo	piaciuti
piacciate	piaceste	siate	piaciuti	foste	piaciuti
piacciano	piacessero	siano	piaciuti	fossero	piaciuti

Condizionale

Presente	Passato	
piacerei	sarei	piaciuto
piaceresti	saresti	piaciuto
piacerebbe	sarebbe	piaciuto
piaceremmo	saremmo	piaciuti
piacereste	sareste	piaciuti
piacerebbero	sarebbero	piaciuti

Imperativo

—	
(tu)	piaci
(Lei)	piaccia
(noi)	piacciamo
(voi)	piacete
(loro)	piacciano

Gerundio

Presente: piacendo

Passato: essendo piaciuto

Infinito

Passato: essere piaciuto

Participio

Passato: piaciuto

Beispiele und Wendungen

Ti piacciono gli spaghetti alle vongole?
Magst du Spaghetti mit Venusmuscheln?

piacere a qu	*jdm. gefallen, schmecken*
mi piacerebbe fare ...	*ich würde gerne ... machen*

Weitere Verben

compiacere - dispiacere

compiacersi con qn	*jmd. gratulieren*
mi dispiace	*es tut mir leid*

Besonderheiten

Beachten Sie bitte die Verdoppelung von -c- bei einigen Formen (z. B. pia**cc**io, pia**cc**ia). Die Endungen des Passato remoto von piacere sind dieselben wie bei nuocere, nascere und tacere (z. B. pia**cque** - no**cque** - na**cque** - ta**cque**).

Das Passato prossimo von piacere wird mit essere gebildet:

Il film mi è piaciuto.	*Der Film* hat *mir gefallen.*

Tipp

Das Verb wird meistens in der 3. Person verwendet. Prägen Sie sich daher die entsprechenden Formen gut ein.
Lernen Sie piacere auch als Substantiv mit der Bedeutung *Vergnügen, Gefallen.*

fare un piacere a qu	*jdm. einen Gefallen tun*
Piacere!	*Sehr erfreut!*

Eigene Notizen:

34 porre

setzen, stellen, legen

Indicativo

Presente	Passato prossimo	
pongo	ho	posto
poni	hai	posto
pone	ha	posto
poniamo	abbiamo	posto
ponete	avete	posto
pongono	hanno	posto

Imperfetto	Trapassato prossimo	
ponevo	avevo	posto
ponevi	avevi	posto
poneva	aveva	posto
ponevamo	avevamo	posto
ponevate	avevate	posto
ponevano	avevano	posto

Passato remoto	Trapassato remoto	
posi	ebbi	posto
ponesti	avesti	posto
pose	ebbe	posto
ponemmo	avemmo	posto
poneste	aveste	posto
posero	ebbero	posto

Futuro semplice	Futuro anteriore	
porrò	avrò	posto
porrai	avrai	posto
porrà	avrà	posto
porremo	avremo	posto
porrete	avrete	posto
porranno	avranno	posto

Congiuntivo

Presente

ponga
ponga
ponga
poniamo
poniate
pongano

Imperfetto

ponessi
ponessi
ponesse
ponessimo
poneste
ponessero

Passato

abbia	posto
abbia	posto
abbia	posto
abbiamo	posto
abbiate	posto
abbiano	posto

Trapassato

avessi	posto
avessi	posto
avesse	posto
avessimo	posto
aveste	posto
avessero	posto

Condizionale

Presente

porrei
porresti
porrebbe
porremmo
porreste
porrebbero

Passato

avrei	posto
avresti	posto
avrebbe	posto
avremmo	posto
avreste	posto
avrebbero	posto

Imperativo

—	
(tu)	poni
(Lei)	ponga
(noi)	poniamo
(voi)	ponete
(loro)	pongano

Gerundio

Presente

ponendo

Passato

avendo posto

Infinito

Passato

avere posto

Participio

Passato

posto

Beispiele und Wendungen

Francesco pone il giornale sul tavolo.
Francesco legt die Zeitung auf den Tisch.

porre qc	*etw. setzen/stellen/legen*
porre una domanda	*eine Frage stellen*
poniamo che (+ Konj.)	*nehmen wir an, dass*

Weitere Verben

comporre - esporre - imporre - proporre - supporre

comporre una canzone	*ein Lied komponieren*
esporre un quadro	*ein Bild ausstellen*
imporre qc a qu	*jdm. etw. auferlegen/aufdrängen*
proporre qc	*etw. vorschlagen*
supporre qc	*etw. vermuten, annehmen*

Besonderheiten

Das Verb porre stammt aus der veralteten Form ponere*. Die Endung von porre ist vor allem in der Konjugation des Futurs und Konditional Präsens erkennbar.
* Vgl. bere, condurre, dire, fare, trarre

Tipp

Das Verb ist in allen Zeiten unregelmäßig. Es empfiehlt sich daher die Formen nach und nach zu lernen, indem man beispielsweise mit dem Indikativ Präsens beginnt. Nehmen Sie doch mal einen Würfel zur Hand und würfeln Sie. Die Zahl entspricht dann der Person des Verbs: z. B. 1: io pongo, 2: tu poni etc.

Eigene Notizen:

potere

können, dürfen

Indicativo

Presente	Passato prossimo	
posso	ho	potuto
puoi	hai	potuto
può	ha	potuto
possiamo	abbiamo	potuto
potete	avete	potuto
possono	hanno	potuto

Imperfetto	Trapassato prossimo	
potevo	avevo	potuto
potevi	avevi	potuto
poteva	aveva	potuto
potevamo	avevamo	potuto
potevate	avevate	potuto
potevano	avevano	potuto

Passato remoto	Trapassato remoto	
potei	ebbi	potuto
potesti	avesti	potuto
poté	ebbe	potuto
potemmo	avemmo	potuto
poteste	aveste	potuto
poterono	ebbero	potuto

Futuro semplice	Futuro anteriore	
potrò	avrò	potuto
potrai	avrai	potuto
potrà	avrà	potuto
potremo	avremo	potuto
potrete	avrete	potuto
potranno	avranno	potuto

Congiuntivo

Presente
possa
possa
possa
possiamo
possiate
possano

Imperfetto
potessi
potessi
potesse
potessimo
poteste
potessero

Passato	
abbia	potuto
abbia	potuto
abbia	potuto
abbiamo	potuto
abbiate	potuto
abbiano	potuto

Trapassato	
avessi	potuto
avessi	potuto
avesse	potuto
avessimo	potuto
aveste	potuto
avessero	potuto

Condizionale

Presente
potrei
potresti
potrebbe
potremmo
potreste
potrebbero

Passato	
avrei	potuto
avresti	potuto
avrebbe	potuto
avremmo	potuto
avreste	potuto
avrebbero	potuto

Imperativo

—
—
—
—
—
—

Gerundio

Presente	Passato
potendo	avendo potuto

Infinito

Passato
avere potuto

Participio

Passato
potuto

Beispiele und Wendungen

Ti posso chiedere un favore?
Kann ich dich um einen Gefallen bitten?

può darsi che (+ *Konj.*)	*es könnte sein / es ist möglich, dass*
Non ne posso più!	*Ich kann nicht mehr!*
poter fare qc	*etw. tun können / dürfen*

Besonderheiten

Im Futur und Konditional Präsens ist der Verbstamm verkürzt (vgl. potrò ↔ chiud**e**rò, potrei ↔ chied**e**rei).

Die zusammengesetzten Zeiten von potere werden in der Regel mit dem Hilfsverb avere gebildet. Folgt dem Verb allerdings noch ein Infinitiv, so verlangt potere dasselbe Hilfsverb wie der nachfolgende Infinitiv.
Vgl. dovere, volere

Non ho potuto mangiare.	*Ich konnte nicht essen.*
Sono potuto andare alla festa.	*Ich konnte zu der Feier gehen.*

Tipp

Im Italienischen werden zwei unterschiedliche Verben verwendet, um *können* auszudrücken: potere und sapere.

Posso suonare la chitarra.	*Ich kann Gitarre spielen.* (weil ich die Möglichkeit dazu habe)
So suonare la chitarra.	*Ich kann Gitarre spielen.* (weil ich die erlernte Fähigkeit habe)

Merken Sie sich: potere ist auch ein Substantiv mit der Bedeutung *Macht*:

essere al potere	*an der Macht sein*

Eigene Notizen:

rimanere

bleiben

n- wird -ng-

Indicativo

Presente	Passato prossimo	
rimango	sono	rimasto
rimani	sei	rimasto
rimane	è	rimasto
rimaniamo	siamo	rimasti
rimanete	siete	rimasti
rimangono	sono	rimasti

Imperfetto	Trapassato prossimo	
rimanevo	ero	rimasto
rimanevi	eri	rimasto
rimaneva	era	rimasto
rimanevamo	eravamo	rimasti
rimanevate	eravate	rimasti
rimanevano	erano	rimasti

Passato remoto	Trapassato remoto	
rimasi	fui	rimasto
rimanesti	fosti	rimasto
rimase	fu	rimasto
rimanemmo	fummo	rimasti
rimaneste	foste	rimasti
rimasero	furono	rimasti

Futuro semplice	Futuro anteriore	
rimarrò	sarò	rimasto
rimarrai	sarai	rimasto
rimarrà	sarà	rimasto
rimarremo	saremo	rimasti
rimarrete	sarete	rimasti
rimarranno	saranno	rimasti

Congiuntivo

Presente
rimanga
rimanga
rimanga
rimaniamo
rimaniate
rimangano

Imperfetto
rimanessi
rimanessi
rimanesse
rimanessimo
rimaneste
rimanessero

Passato	
sia	rimasto
sia	rimasto
sia	rimasto
siamo	rimasti
siate	rimasti
siano	rimasti

Trapassato	
fossi	rimasto
fossi	rimasto
fosse	rimasto
fossimo	rimasti
foste	rimasti
fossero	rimasti

Condizionale

Presente
rimarrei
rimarresti
rimarrebbe
rimarremmo
rimarreste
rimarrebbero

Passato	
sarei	rimasto
saresti	rimasto
sarebbe	rimasto
saremmo	rimasti
sareste	rimasti
sarebbero	rimasti

Imperativo

—	
(tu)	rimani
(Lei)	rimanga
(noi)	rimaniamo
(voi)	rimanete
(loro)	rimangano

Gerundio

Presente	Passato
rimanendo	essendo rimasto

Infinito

Passato
essere rimasto

Participio

Passato
rimasto

Beispiele und Wendungen

Stasera rimango a casa.
Heute Abend bleibe ich zu Hause.

Prego, si accomodi! – No, grazie. Rimango in piedi.
Bitte nehmen Sie Platz! – Nein, danke. Ich bleibe stehen.

rimanere a bocca aperta	*erstaunt sein*
rimanere d'accordo	*so verbleiben*
rimanere seduto / in piedi	*sitzen / stehen bleiben*

Weitere Verben

permanere

La situazione finanziaria permane incerta.
Die finanzielle Situation bleibt weiterhin unsicher.

Besonderheiten

-n- wird -ng- (z. B. rima**ng**o, rima**ng**ono)

Im Futur und Konditional Präsens ist der Verbstamm verkürzt (vgl. rima**rr**ò ↔ prend**e**rò, rima**rr**ei ↔ prend**e**rei) und erhält zudem -rr-.*
* Vgl. parere: parrò, parrei etc.

Tipp

Lernen Sie rimanere zusammen mit salire, spegnere, tenere, valere und venire, da diese Verben im Präsens dieselbe Unregelmäßigkeit aufweisen:
riman**g**o – sal**g**o – spen**g**o – ten**g**o – val**g**o – ven**g**o
riman**g**ono – sal**g**ono – spen**g**ono – ten**g**ono – val**g**ono – ven**g**ono

Eigene Notizen:

37 sapere

wissen, erfahren, können

Indicativo

Presente	Passato prossimo	
so	ho	saputo
sai	hai	saputo
sa	ha	saputo
sappiamo	abbiamo	saputo
sapete	avete	saputo
sanno	hanno	saputo

Imperfetto	Trapassato prossimo	
sapevo	avevo	saputo
sapevi	avevi	saputo
sapeva	aveva	saputo
sapevamo	avevamo	saputo
sapevate	avevate	saputo
sapevano	avevano	saputo

Passato remoto	Trapassato remoto	
seppi	ebbi	saputo
sapesti	avesti	saputo
seppe	ebbe	saputo
sapemmo	avemmo	saputo
sapeste	aveste	saputo
seppero	ebbero	saputo

Futuro semplice	Futuro anteriore	
saprò	avrò	saputo
saprai	avrai	saputo
saprà	avrà	saputo
sapremo	avremo	saputo
saprete	avrete	saputo
sapranno	avranno	saputo

Congiuntivo

Presente

sappia
sappia
sappia
sappiamo
sappiate
sappiano

Imperfetto

sapessi
sapessi
sapesse
sapessimo
sapeste
sapessero

Passato	
abbia	saputo
abbia	saputo
abbia	saputo
abbiamo	saputo
abbiate	saputo
abbiano	saputo

Trapassato	
avessi	saputo
avessi	saputo
avesse	saputo
avessimo	saputo
aveste	saputo
avessero	saputo

Condizionale

Presente

saprei
sapresti
saprebbe
sapremmo
sapreste
saprebbero

Passato	
avrei	saputo
avresti	saputo
avrebbe	saputo
avremmo	saputo
avreste	saputo
avrebbero	saputo

Imperativo

—	
(tu)	sappi
(Lei)	sappia
(noi)	sappiamo
(voi)	sappiate
(loro)	sappiano

Gerundio

Presente

sapendo

Passato

avendo saputo

Infinito

Passato

avere saputo

Participio

Passato

saputo

Beispiele und Wendungen

Lo sai che il fratello di Chiara vive in America?
Weißt du, dass der Bruder von Chiara in Amerika lebt?

sapere qc di qu	*etw. von jdm. wissen*
sapere qc da qu	*etw. von jdm. erfahren*
sapere a memoria	*auswendig wissen / können*
mi sa che	*ich habe den Eindruck, dass*
Non che io sappia!	*Nicht dass ich wüsste!*
Che ne so io!	*Was weiß denn ich!*

Weitere Verben

risapere	
risapere qc	etw. erfahren

Besonderheiten

Im Futur und Konditional Präsens ist der Verbstamm verkürzt (vgl. saprò ↔ batt**e**rò, saprei ↔ batt**e**rei).
Im Gebrauch der Vergangenheitszeiten gibt es einen Bedeutungsunterschied:

Non lo sapevi?	Wusstest *du das nicht?*
L'ho saputo da Ernesto.	*Ich* habe *es von Ernesto* erfahren.

Tipp

Merken Sie sich, dass sapere - im Gegensatz zu potere - eine (erlernte) Fähigkeit ausdrückt:

So giocare a carte.	*Ich kann Karten spielen.* (Ich weiß, wie es geht.)

Eigene Notizen:

scegliere

(aus)wählen

-gli- wird -lg-, -ls- / -gli- + -i- wird -gli-

Indicativo

Presente	Passato prossimo	
scelgo	ho	scelto
scegli	hai	scelto
sceglie	ha	scelto
scegliamo	abbiamo	scelto
scegliete	avete	scelto
scelgono	hanno	scelto

Imperfetto	Trapassato prossimo	
sceglievo	avevo	scelto
sceglievi	avevi	scelto
sceglieva	aveva	scelto
sceglievamo	avevamo	scelto
sceglievate	avevate	scelto
sceglievano	avevano	scelto

Passato remoto	Trapassato remoto	
scelsi	ebbi	scelto
scegliesti	avesti	scelto
scelse	ebbe	scelto
scegliemmo	avemmo	scelto
sceglieste	aveste	scelto
scelsero	ebbero	scelto

Futuro semplice	Futuro anteriore	
sceglierò	avrò	scelto
sceglierai	avrai	scelto
sceglierà	avrà	scelto
sceglieremo	avremo	scelto
sceglierete	avrete	scelto
sceglieranno	avranno	scelto

Congiuntivo

Presente
scelga
scelga
scelga
scegliamo
scegliate
scelgano

Imperfetto
scegliessi
scegliessi
scegliesse
scegliessimo
sceglieste
scegliessero

Passato	
abbia	scelto
abbia	scelto
abbia	scelto
abbiamo	scelto
abbiate	scelto
abbiano	scelto

Trapassato	
avessi	scelto
avessi	scelto
avesse	scelto
avessimo	scelto
aveste	scelto
avessero	scelto

Condizionale

Presente
sceglierei
sceglieresti
sceglierebbe
sceglieremmo
scegliereste
sceglierebbero

Passato	
avrei	scelto
avresti	scelto
avrebbe	scelto
avremmo	scelto
avreste	scelto
avrebbero	scelto

Imperativo

—	
(tu)	scegli
(Lei)	scelga
(noi)	scegliamo
(voi)	scegliete
(loro)	scelgano

Gerundio

Presente	Passato
scegliendo	avendo scelto

Infinito

Passato
avere scelto

Participio

Passato
scelto

Beispiele und Wendungen

Hai già scelto, Umberto?
Hast du schon gewählt, Umberto?

C'è molto da scegliere.
Es gibt eine große Auswahl.

scegliere qu / qc fra	*jdn. / etw. auswählen unter*
scegliersi qu / qc	*sich jdn. / etw. aussuchen*
scegliere di fare qc	*beschließen, etw. zu tun*
c'è da scegliere	*die Auswahl haben*
C'è poco da scegliere!	*Es gibt keine andere Wahl!*

Besonderheiten

Folgendes ist bei den Verben auf -gliere* zu beachten:

-gli- + -i- wird -gli- (sce**gli**, sce**gli**amo)
-gli- wird -lg- (sce**lg**o, sce**lg**ono)
-gli- wird -ls- (sce**ls**i, sce**ls**e, sce**ls**ero)

* Vgl. cogliere

Tipp

Merken Sie sich:

scegliere	*(aus)wählen*
eleggere	*wählen zu* (z. B. Minister)
votare	*wählen* (seine Stimme abgeben bei einer Wahl)

Eigene Notizen:

39 scuọtere

-uo- wird -o-

schütteln

Indicativo

Presente	Passato prossimo	
scuoto	ho	scosso
scuoti	hai	scosso
scuote	ha	scosso
sc(u)otiamo	abbiamo	scosso
sc(u)otete	avete	scosso
scuọtono	hanno	scosso

Imperfetto	Trapassato prossimo	
sc(u)otevo	avevo	scosso
sc(u)otevi	avevi	scosso
sc(u)oteva	aveva	scosso
sc(u)otevamo	avevamo	scosso
sc(u)otevate	avevate	scosso
sc(u)otẹvano	avẹvano	scosso

Passato remoto	Trapassato remoto	
scossi	ebbi	scosso
sc(u)otesti	avesti	scosso
scosse	ebbe	scosso
sc(u)otemmo	avemmo	scosso
sc(u)oteste	aveste	scosso
scọssero	ẹbbero	scosso

Futuro semplice	Futuro anteriore	
sc(u)oterò	avrò	scosso
sc(u)oterai	avrai	scosso
sc(u)oterà	avrà	scosso
sc(u)oteremo	avremo	scosso
sc(u)oterete	avrete	scosso
sc(u)oteranno	avranno	scosso

Congiuntivo

Presente
scuota
scuota
scuota
sc(u)otiamo
sc(u)otiate
scuọtano

Imperfetto
sc(u)otessi
sc(u)otessi
sc(u)otesse
sc(u)otẹssimo
sc(u)oteste
sc(u)otẹssero

Passato	
abbia	scosso
abbia	scosso
abbia	scosso
abbiamo	scosso
abbiate	scosso
ạbbiano	scosso

Trapassato	
avessi	scosso
avessi	scosso
avesse	scosso
avẹssimo	scosso
aveste	scosso
avẹssero	scosso

Condizionale

Presente
sc(u)oterei
sc(u)oteresti
sc(u)oterebbe
sc(u)oteremmo
sc(u)otereste
sc(u)oterẹbbero

Passato	
avrei	scosso
avresti	scosso
avrebbe	scosso
avremmo	scosso
avreste	scosso
avrẹbbero	scosso

Imperativo

—	
(tu)	scuoti
(Lei)	scuota
(noi)	sc(u)otiamo
(voi)	sc(u)otete
(loro)	scuọtano

Gerundio

Presente	Passato
sc(u)otendo	avendo scosso

Infinito

Passato

avere scosso

Participio

Passato

scosso

Beispiele und Wendungen

Scuoto la testa perché non mi interessa.
Ich schüttle den Kopf, weil es mich nicht interessiert.

Le onde hanno scosso la nave.
Die Wellen haben das Schiff hin und her geschüttelt.

scuotere la testa	*den Kopf schütteln*
scuotere qc	*etw. (ab-, aus-)schütteln, erschüttern*
scuotersi	*auf- / hochfahren, aufschrecken*
scuotersi dal sonno	*aus dem Schlaf aufschrecken*

Weitere Verben

percuotere – riscuotere

percuotere qn	*jmd. schlagen / verprügeln*
riscuotere qc	*etw. erzielen*

L'attore ha riscosso un grande successo.
Der Schauspieler hat einen großen Erfolg erzielt.

Besonderheiten

-uo- wird -o-
Die regelmäßigen Formen mit -uo- sind jedoch geläufiger (z. B. sc**uo**tiamo, sc**uo**tevo).

Tipp

Fällt die Betonung auf -uo- (z. B. sc**uo**tono) so liegt der Akzent stets auf dem -o-.
Vgl. muovere, nuocere, morire

Eigene Notizen:

sedere

sitzen

-e- wird -ie-

Indicativo

Presente

siedo / seggo
siedi
siede
sediamo
sedete
siedono / seggono

Passato prossimo

sono	seduto
sei	seduto
è	seduto
siamo	seduti
siete	seduti
sono	seduti

Imperfetto

sedevo
sedevi
sedeva
sedevamo
sedevate
sedevano

Trapassato prossimo

ero	seduto
eri	seduto
era	seduto
eravamo	seduti
eravate	seduti
erano	seduti

Passato remoto

sedei / -etti
sedesti
sedé / -ette
sedemmo
sedeste
sederono / -ettero

Trapassato remoto

fui	seduto
fosti	seduto
fu	seduto
fummo	seduti
foste	seduti
furono	seduti

Futum semplice

s(i)ederò
s(i)ederai
s(i)ederà
s(i)ederemo
s(i)ederete
s(i)ederanno

Futuro anteriore

sarò	seduto
sarai	seduto
sarà	seduto
saremo	seduti
sarete	seduti
saranno	seduti

Congiuntivo

Presente

sieda / segga
sieda / segga
sieda / segga
sediamo
sediate
siedano / seggano

Imperfetto

sedessi
sedessi
sedesse
sedessimo
sedeste
sedessero

Passato

sia	seduto
sia	seduto
sia	seduto
siamo	seduti
siate	seduti
siano	seduti

Trapassato

fossi	seduto
fossi	seduto
fosse	seduto
fossimo	seduti
foste	seduti
fossero	seduti

Condizionale

Presente

s(i)ederei
s(i)ederesti
s(i)ederebbe
s(i)ederemmo
s(i)edereste
s(i)ederebbero

Passato

sarei	seduto
saresti	seduto
sarebbe	seduto
saremmo	seduti
sareste	seduti
sarebbero	seduti

Imperativo

—	
(tu)	siedi
(Lei)	sieda / segga
(noi)	sediamo
(voi)	sedete
(loro)	siedano / seggano

Gerundio

Presente

sedendo

Passato

essendo seduto

Infinito

Passato

essere seduto

Participio

Passato

seduto

Beispiele und Wendungen

Siediti a tavola!
Setz dich an den Tisch!

La sera mi piace sedere sulla terrazza.
Ich sitze abends gerne auf der Terrasse.

sedersi	*sich setzen*
mettersi a sedere	*sich hinsetzen*

Weitere Verben

possedere

possedere qc	*etw. besitzen*
non possedere nulla	*nichts besitzen*

Besonderheiten

In manchen Formen wird im Verbstamm -e- zu -ie- (s**ie**do, s**ie**di etc.). Beachten Sie bitte auch die Doppelformen wie beispielsweise siedo / seggo.
Dieses Verb wird auch mit dem Hilfsverb avere konjugiert.

Tipp

Das Verb wird, wie im Deutschen, häufig reflexiv gebraucht:

mi siedo	*ich setze mich*

Merken Sie sich: Aus sedere lassen sich zahlreiche Wörter ableiten: z. B.

la sede	*Sitz* (einer Firma)
il sedile	*Sitz* (im Auto)
la sedia	*Stuhl*

Eigene Notizen:

41 spẹgnere

ausschalten

-gn- wird -ng- vor -o und -a

Indicativo

Presente
spengo
spegni
spegne
spegniamo
spegnete
spẹngono

Passato prossimo
ho	spento
hai	spento
ha	spento
abbiamo	spento
avete	spento
hanno	spento

Imperfetto
spegnevo
spegnevi
spegneva
spegnevamo
spegnevate
spegnẹvano

Trapassato prossimo
avevo	spento
avevi	spento
aveva	spento
avevamo	spento
avevate	spento
avẹvano	spento

Passato remoto
spensi
spegnesti
spense
spegnemmo
spegneste
spẹnsero

Trapassato remoto
ebbi	spento
avesti	spento
ebbe	spento
avemmo	spento
aveste	spento
ẹbbero	spento

Futuro semplice
spegnerò
spegnerai
spegnerà
spegneremo
spegnerete
spegneranno

Futuro anteriore
avrò	spento
avrai	spento
avrà	spento
avremo	spento
avrete	spento
avranno	spento

Congiuntivo

Presente
spenga
spenga
spenga
spegniamo
spegniate
spẹngano

Imperfetto
spegnessi
spegnessi
spegnesse
spegnẹssimo
spegneste
spegnẹssero

Passato
abbia	spento
abbia	spento
abbia	spento
abbiamo	spento
abbiate	spento
ạbbiano	spento

Trapassato
avessi	spento
avessi	spento
avesse	spento
avẹssimo	spento
aveste	spento
avẹssero	spento

Condizionale

Presente
spegnerei
spegneresti
spegnerebbe
spegneremmo
spegnereste
spegnerẹbbero

Passato
avrei	spento
avresti	spento
avrebbe	spento
avremmo	spento
avreste	spento
avrẹbbero	spento

Imperativo

—	
(tu)	spegni
(Lei)	spenga
(noi)	spegniamo
(voi)	spegnete
(loro)	spẹngano

Gerundio

Presente
spegnendo

Passato
avendo spento

Infinito

Passato
avere spento

Participio

Passato
spento

Beispiele und Wendungen

Spengo la televisione perché è già tardi.
Ich mache den Fernseher aus, weil es schon spät ist.

La candela si è spenta.
Die Kerze ist ausgegangen.

spegnere qc	*etw. ausmachen (-schalten)*
spegnere la luce / la radio	*das Licht / Radio ausmachen*
spegnersi	*ausgehen, sich ausschalten*
spegnere il fuoco	*das Feuer löschen*

Besonderheiten

-gn- wird -ng-
Die Formen mit -ng- finden sich ausschließlich im Präsens des Indikativs und Konjunktivs: spe**ng**o, spe**ng**ono, spe**ng**a, spe**ng**ano.

Tipp

Lernen Sie spegnere zusammen mit rimanere, salire, tenere, valere und venire, da diese Verben im Präsens dieselbe Unregelmäßigkeit aufweisen:
spen**g**o - riman**g**o - sal**g**o - ten**g**o - val**g**o - ven**g**o
spen**g**ono - riman**g**ono - sal**g**ono - ten**g**ono - val**g**ono - ven**g**ono
etc.

Merken Sie sich: Die Aussprache von -gn- (z. B. in spe**gn**ere, spe**gn**i, spe**gn**e etc.) entspricht -gn- in dem Wort Cognac.

Eigene Notizen:

schweigen

-c- wird -cc(i)-, -cqu-

Indicativo

Presente	Passato prossimo	
taccio	ho	taciuto
taci	hai	taciuto
tace	ha	taciuto
tac(c)iamo	abbiamo	taciuto
tacete	avete	taciuto
tacciono	hanno	taciuto

Imperfetto	Trapassato prossimo	
tacevo	avevo	taciuto
tacevi	avevi	taciuto
taceva	aveva	taciuto
tacevamo	avevamo	taciuto
tacevate	avevate	taciuto
tacevano	avevano	taciuto

Passato remoto	Trapassato remoto	
tacqui	ebbi	taciuto
tacesti	avesti	taciuto
tacque	ebbe	taciuto
tacemmo	avemmo	taciuto
taceste	aveste	taciuto
tacquero	ebbero	taciuto

Futuro semplice	Futuro anteriore	
tacerò	avrò	taciuto
tacerai	avrai	taciuto
tacerà	avrà	taciuto
taceremo	avremo	taciuto
tacerete	avrete	taciuto
taceranno	avranno	taciuto

Congiuntivo

Presente
taccia
taccia
taccia
tac(c)iamo
tac(c)iate
tacciano

Imperfetto
tacessi
tacessi
tacesse
tacessimo
taceste
tacessero

Passato	
abbia	taciuto
abbia	taciuto
abbia	taciuto
abbiamo	taciuto
abbiate	taciuto
abbiano	taciuto

Trapassato	
avessi	taciuto
avessi	taciuto
avesse	taciuto
avessimo	taciuto
aveste	taciuto
avessero	taciuto

Condizionale

Presente
tacerei
taceresti
tacerebbe
taceremmo
tacereste
tacerebbero

Passato	
avrei	taciuto
avresti	taciuto
avrebbe	taciuto
avremmo	taciuto
avreste	taciuto
avrebbero	taciuto

Imperativo

—	
(tu)	taci
(Lei)	taccia
(noi)	tac(c)iamo
(voi)	tacete
(loro)	tacciano

Gerundio

Presente	Passato
tacendo	avendo taciuto

Infinito

Passato

avere taciuto

Participio

Passato

taciuto

Beispiele und Wendungen

Giovanni tace perché non vuole tradire il suo amico.
Giovanni schweigt, weil er seinen Freund nicht verraten will.

far tacere qu	*jdm. zum Schweigen bringen*
tacere la verità	*die Wahrheit verschweigen*
Tacete una buona volta!	*Seid endlich still !*
Chi tace acconsente.	*Wer schweigt, stimmt zu.* (Sprichwort)

Weitere Verben

sottacere (lit.)	
sottacere qc	*etw. verschweigen*

Franco mi sottace la verità.
Franco verschweigt mir die Wahrheit.

Besonderheiten

-c- wird -cc(i)- (z. B. ta**cci**o, ta**cci**ono)
-c- wird -cqu- (ta**cqu**i, ta**cqu**e, ta**cqu**ero)

Die Endungen des Passato remoto von tacere sind dieselben wie bei nuocere, piacere und nascere (z. B. ta**cque** – no**cque** – pia**cque** – na**cque**).

Tipp

Lernen Sie tacere zusammen mit piacere, da beide Verben dieselben Unregelmäßigkeiten aufweisen. Auffällig ist hierbei die Verdoppelung von -c- bei einigen Formen (z. B. ta**cc**io – pia**cc**io).

Eigene Notizen:

43 tenere

halten

Indicativo

Presente

tengo
tieni
tiene
teniamo
tenete
tẹngono

Passato prossimo

ho	tenuto
hai	tenuto
ha	tenuto
abbiamo	tenuto
avete	tenuto
hanno	tenuto

Imperfetto

tenevo
tenevi
teneva
tenevamo
tenevate
tenẹvano

Trapassato prossimo

avevo	tenuto
avevi	tenuto
aveva	tenuto
avevamo	tenuto
avevate	tenuto
avẹvano	tenuto

Passato remoto

tenni
tenesti
tenne
tenemmo
teneste
tẹnnero

Trapassato remoto

ebbi	tenuto
avesti	tenuto
ebbe	tenuto
avemmo	tenuto
aveste	tenuto
ẹbbero	tenuto

Futuro semplice

terrò
terrai
terrà
terremo
terrete
terranno

Futuro anteriore

avrò	tenuto
avrai	tenuto
avrà	tenuto
avremo	tenuto
avrete	tenuto
avranno	tenuto

Congiuntivo

Presente

tenga
tenga
tenga
teniamo
teniate
tẹngano

Imperfetto

tenessi
tenessi
tenesse
tenẹssimo
teneste
tenẹssero

Passato

abbia	tenuto
abbia	tenuto
abbia	tenuto
abbiamo	tenuto
abbiate	tenuto
ạbbiano	tenuto

Trapassato

avessi	tenuto
avessi	tenuto
avesse	tenuto
avẹssimo	tenuto
aveste	tenuto
avẹssero	tenuto

Condizionale

Presente

terrei
terresti
terrebbe
terremmo
terreste
terrẹbbero

Passato

avrei	tenuto
avresti	tenuto
avrebbe	tenuto
avremmo	tenuto
avreste	tenuto
avrẹbbero	tenuto

Imperativo

—	
(tu)	tieni
(Lei)	tenga
(noi)	teniamo
(voi)	tenete
(loro)	tẹngano

Gerundio

Presente

tenendo

Passato

avendo tenuto

Infinito

Passato

avere tenuto

Participio

Passato

tenuto

Beispiele und Wendungen

Potresti tenere la borsa, per cortesia?
Könntest du die Tasche bitte halten?

Tieni il libro se ti piace.
Behalte das Buch, wenn es dir gefällt.

ci tengo molto	*es liegt mir viel daran*
tenere duro	*durchhalten*

Weitere Verben

appartenere - contenere - mantenere - ottenere - trattenere

mantenere la parola	*Wort halten*
ottenere un premio	*einen Preis erhalten*
trattenersi	*bleiben, sich aufhalten*

Besonderheiten

-n- wird -ng- (z. B. te**ng**o, te**ng**ono)

Im Futur und Konditional Präsens ist der Verbstamm verkürzt (vgl. te**rr**ò ↔ prend**e**rò, te**rr**ei ↔ prend**e**rei) und erhält zudem -rr-.

Tipp

Lernen Sie tenere zusammen mit rimanere, salire, spegnere, valere und venire, da diese Verben im Präsens dieselbe Unregelmäßigkeit aufweisen:
ten**g**o - riman**g**o - sal**g**o - spen**g**o - val**g**o - ven**g**o
ten**g**ono - riman**g**ono - sal**g**ono - spen**g**ono - val**g**ono - ven**g**ono
etc.

Eigene Notizen:

44 trarre

ziehen

Indicativo

Presente

traggo
trai
trae
traiamo
traete
trạggono

Passato prossimo

ho	tratto
hai	tratto
ha	tratto
abbiamo	tratto
avete	tratto
hanno	tratto

Imperfetto

traevo
traevi
traeva
traevamo
traevate
traẹvano

Trapassato prossimo

avevo	tratto
avevi	tratto
aveva	tratto
avevamo	tratto
avevate	tratto
avẹvano	tratto

Passato remoto

trassi
traesti
trasse
traemmo
traeste
trạssero

Trapassato remoto

ebbi	tratto
avesti	tratto
ebbe	tratto
avemmo	tratto
aveste	tratto
ẹbbero	tratto

Futuro semplice

trarrò
trarrai
trarrà
trarremo
trarrete
trarranno

Futuro anteriore

avrò	tratto
avrai	tratto
avrà	tratto
avremo	tratto
avrete	tratto
avranno	tratto

Congiuntivo

Presente

tragga
tragga
tragga
traiamo
traiate
trạggano

Imperfetto

traessi
traessi
traesse
traẹssimo
traeste
traẹssero

Passato

abbia	tratto
abbia	tratto
abbia	tratto
abbiamo	tratto
abbiate	tratto
ạbbiano	tratto

Trapassato

avessi	tratto
avessi	tratto
avesse	tratto
avẹssimo	tratto
aveste	tratto
avẹssero	tratto

Condizionale

Presente

trarrei
trarresti
trarrebbe
trarremmo
trarreste
trarrẹbbero

Passato

avrei	tratto
avresti	tratto
avrebbe	tratto
avremmo	tratto
avreste	tratto
avrẹbbero	tratto

Imperativo

—	
(tu)	trai
(Lei)	tragga
(noi)	traiamo
(voi)	traete
(loro)	trạggano

Gerundio

Presente

traendo

Passato

avendo tratto

Infinito

Passato

avere tratto

Participio

Passato

tratto

Beispiele und Wendungen

Il rapinatore trae la pistola dalla tasca.
Der Räuber zieht die Pistole aus der Tasche.

L'argomento del film fu tratto da un romanzo.
Die Handlung des Film wurde einem Roman entnommen.

trarre qc da qc	*etw. aus etw. ziehen / entnehmen*
trarre da un romanzo	*einem Roman entnehmen*
trarre in engano	*jdn. hinters Licht führen*
trarre in errore	*jdn. in die Irre führen*

Weitere Verben

contrarre - detrarre - distrarre - estrarre

contrarre matrimonio	*Ehe schließen*
detrarre due da cinque	*zwei von fünf abziehen*
distrarsi	*sich ablenken*
estrarre i numeri del lotto	*die Lottozahlen ziehen*

Besonderheiten

Das Verb trarre stammt aus der veralteten Form traere*. Die Endung von trarre ist vor allem in der Konjugation des Futurs und Konditional Präsens erkennbar.
* Vgl. bere, condurre, dire, fare, porre

Tipp

Lernen Sie die Formen des Imperfekts, indem Sie die veraltete Form traere zu Hilfe nehmen. Konjugieren Sie schließlich so, als ob es sich um ein gewöhnliches Verb auf -ere handeln würde (tra**evo**, tra**evi** etc.).

Eigene Notizen:

45 valere

gelten

Indicativo

Presente	Passato prossimo	
valgo	sono	valso
vali	sei	valso
vale	è	valso
valiamo	siamo	valsi
valete	siete	valsi
valgono	sono	valsi

Imperfetto	Trapassato prossimo	
valevo	ero	valso
valevi	eri	valso
valeva	era	valso
valevamo	eravamo	valsi
valevate	eravate	valsi
valevano	erano	valsi

Passato remoto	Trapassato remoto	
valsi	fui	valso
valesti	fosti	valso
valse	fu	valso
valemmo	fummo	valsi
valeste	foste	valsi
valsero	furono	valsi

Futuro semplice	Futuro anteriore	
varrò	sarò	valso
varrai	sarai	valso
varrà	sarà	valso
varremo	saremo	valsi
varrete	sarete	valsi
varranno	saranno	valsi

Congiuntivo

Presente
valga
valga
valga
valiamo
valiate
valgano

Imperfetto
valessi
valessi
valesse
valessimo
valeste
valessero

Passato	
sia	valso
sia	valso
sia	valso
siamo	valsi
siate	valsi
siano	valsi

Trapassato	
fossi	valso
fossi	valso
fosse	valso
fossimo	valsi
foste	valsi
fossero	valsi

Condizionale

Presente
varrei
varresti
varrebbe
varremmo
varreste
varrebbero

Passato	
sarei	valso
saresti	valso
sarebbe	valso
saremmo	valsi
sareste	valsi
sarebbero	valsi

Imperativo

—	
(tu)	vali
(Lei)	valga
(noi)	valiamo
(voi)	valete
(loro)	valgano

Gerundio

Presente	Passato
valendo	essendo valso

Infinito

Passato
essere valso

Participio

Passato
valso

Beispiele und Wendungen

Questo vale per tutti, anche per te.
Das gilt für alle, auch für dich.

Questo gioiello vale almeno tre mila euro.
Dieses Schmuckstück ist mindestens dreitausend Euro wert.

valere per qu	*für jdn. gelten*
valere di più / meno	*mehr / weniger wert sein*
Non vale la pena.	*Das lohnt sich nicht.*

Weitere Verben

avvalersi - equivalere - prevalere - rivalersi

avvalersi di qc	*von etw. Gebrauch machen*
prevalere su qc	*etw. überwiegen*

Besonderheiten

Im Futur und Konditional Präsens ist der Verbstamm verkürzt (vgl. va**rr**ò ↔ prend**e**rò, va**rr**ei ↔ prend**e**rei) und erhält zudem -rr-.
Dieses Verb wird auch mit dem Hilfsverb avere konjugiert.

Tipp

Lernen Sie valere zusammen mit rimanere, salire, spegnere, tenere und venire, da diese Verben im Präsens dieselbe Unregelmäßigkeit aufweisen:
val**g**o - riman**g**o - sal**g**o - spen**g**o - ten**g**o - ven**g**o
val**g**ono - riman**g**ono - sal**g**ono - spen**g**ono - ten**g**ono - ven**g**ono
etc.

Merken Sie sich: Aus valere lässt sich das Wort la valuta *Währung* ableiten.

Eigene Notizen:

vedere

sehen

Indicativo

Presente
vedo
vedi
vede
vediamo
vedete
vẹdono

Passato prossimo
ho	visto
hai	visto
ha	visto
abbiamo	visto
avete	visto
hanno	visto

Imperfetto
vedevo
vedevi
vedeva
vedevamo
vedevate
vedẹvano

Trapassato prossimo
avevo	visto
avevi	visto
aveva	visto
avevamo	visto
avevate	visto
avẹvano	visto

Passato remoto
vidi
vedesti
vide
vedemmo
vedeste
vịdero

Trapassato remoto
ebbi	visto
avesti	visto
ebbe	visto
avemmo	visto
aveste	visto
ẹbbero	visto

Futuro semplice
vedrò
vedrai
vedrà
vedremo
vedrete
vedranno

Futuro anteriore
avrò	visto
avrai	visto
avrà	visto
avremo	visto
avrete	visto
avranno	visto

Congiuntivo

Presente
veda
veda
veda
vediamo
vediate
vẹdano

Imperfetto
vedessi
vedessi
vedesse
vedẹssimo
vedeste
vedẹssero

Passato
abbia	visto
abbia	visto
abbia	visto
abbiamo	visto
abbiate	visto
ạbbiano	visto

Trapassato
avessi	visto
avessi	visto
avesse	visto
avẹssimo	visto
aveste	visto
avẹssero	visto

Condizionale

Presente
vedrei
vedresti
vedrebbe
vedremmo
vedreste
vedrẹbbero

Passato
avrei	visto
avresti	visto
avrebbe	visto
avremmo	visto
avreste	visto
avrẹbbero	visto

Imperativo

—	
(tu)	vedi
(Lei)	veda
(noi)	vediamo
(voi)	vedete
(loro)	vẹdano

Gerundio

Presente
vedendo

Passato
avendo visto

Infinito

Passato
avere visto

Participio

Passato
visto/veduto

Beispiele und Wendungen

Mio nonno ci vede male senza gli occhiali.
Mein Großvater sieht ohne Brille schlecht.

Hai visto l'ultimo film di Roberto Benigni?
Hast du den neuesten Film von Roberto Benigni gesehen?

Ci vediamo!	*Bis bald! Man sieht sich!*
Non vedo l'ora.	*Ich kann es kaum erwarten.*
avere a che vedere con qu	*mit jdm. zu tun haben*

Weitere Verben

prevedere - rivedere

prevedere qc	*etw. voraussehen*
arrivederci	*auf Wiedersehen*

Besonderheiten

Im Futur und Konditional Präsens ist der Verbstamm verkürzt (vgl. vedrò ↔ pagh**e**rò, vedrei ↔ pagh**e**rei).

Beachten Sie die Doppelform visto / veduto des Partizip Perfekt. In der gesprochenen Sprache ist allerdings die unregelmäßige Form visto üblich.

Tipp

Vedere ist in einer Vielzahl von Wendungen zu finden. Notieren Sie sich diese auf einem Zettel, den Sie beispielsweise an den Kühlschrank hängen können. Mit ci vediamo beispielsweise verabschiedet man sich von guten Freunden.

Eigene Notizen:

47 vivere

leben

-v- wird -ss-

Indicativo

Presente	Passato prossimo	Imperfetto	Trapassato prossimo
vivo	ho vissuto	vivevo	avevo vissuto
vivi	hai vissuto	vivevi	avevi vissuto
vive	ha vissuto	viveva	aveva vissuto
viviamo	abbiamo vissuto	vivevamo	avevamo vissuto
vivete	avete vissuto	vivevate	avevate vissuto
vivono	hanno vissuto	vivevano	avevano vissuto

Passato remoto	Trapassato remoto	Futuro semplice	Futuro anteriore
vissi	ebbi vissuto	vivrò	avrò vissuto
vivesti	avesti vissuto	vivrai	avrai vissuto
visse	ebbe vissuto	vivrà	avrà vissuto
vivemmo	avemmo vissuto	vivremo	avremo vissuto
viveste	aveste vissuto	vivrete	avrete vissuto
vissero	ebbero vissuto	vivranno	avranno vissuto

Congiuntivo

Presente	Imperfetto	Passato	Trapassato
viva	vivessi	abbia vissuto	avessi vissuto
viva	vivessi	abbia vissuto	avessi vissuto
viva	vivesse	abbia vissuto	avesse vissuto
viviamo	vivessimo	abbiamo vissuto	avessimo vissuto
viviate	viveste	abbiate vissuto	aveste vissuto
vivano	vivessero	abbiano vissuto	avessero vissuto

Condizionale

Presente	Passato
vivrei	avrei vissuto
vivresti	avresti vissuto
vivrebbe	avrebbe vissuto
vivremmo	avremmo vissuto
vivreste	avreste vissuto
vivrebbero	avrebbero vissuto

Imperativo

—	
(tu)	vivi
(Lei)	viva
(noi)	viviamo
(voi)	vivete
(loro)	vivano

Gerundio

Presente	Passato
vivendo	avendo vissuto

Infinito

Passato

avere vissuto

Participio

Passato

vissuto

Beispiele und Wendungen

Luigi vive in Germania da venticinque anni.
Luigi lebt seit fünfundzwanzig Jahren in Deutschland.

vivere in campagna / città	*auf dem Land / in der Stadt leben*
vivere alla grande	*auf großem Fuß leben*
vivere alla giornata	*in den Tag hineinleben*
vivere di qc	*von etw. leben*
andare a vivere con qu	*mit jdm. zusammenziehen*

Weitere Verben

convivere – rivivere – sopravvivere

convivere con qu	*mit jdm. zusammenleben*
far rivivere qc	*etw. wieder aufleben lassen*
sopravvivere a qc	*etw. überleben*

Besonderheiten

-v- wird -ss- (vi**ss**i, vi**ss**e, vi**ss**ero, vi**ss**uto)

Im Futur und Konditional Präsens ist der Verbstamm verkürzt (vgl. vivrò ↔ prend**e**rò, vivrei ↔ prend**e**rei).
Dieses Verb wird auch mit dem Hilfsverb essere konjugiert.

Tipp

Merken Sie sich auch folgende Ausdrücke, die sich aus vivere ableiten:

viveri	*Lebensmittel*
vivo / a	*lebendig*
musica dal vivo	*Livemusik*

Eigene Notizen:

volere

wollen

Indicativo

Presente	Passato prossimo		Imperfetto	Trapassato prossimo	
voglio	ho	voluto	volevo	avevo	voluto
vuoi	hai	voluto	volevi	avevi	voluto
vuole	ha	voluto	voleva	aveva	voluto
vogliamo	abbiamo	voluto	volevamo	avevamo	voluto
volete	avete	voluto	volevate	avevate	voluto
vogliono	hanno	voluto	volevano	avevano	voluto

Passato remoto	Trapassato remoto		Futuro semplice	Futuro anteriore	
volli	ebbi	voluto	vorrò	avrò	voluto
volesti	avesti	voluto	vorrai	avrai	voluto
volle	ebbe	voluto	vorrà	avrà	voluto
volemmo	avemmo	voluto	vorremo	avremo	voluto
voleste	aveste	voluto	vorrete	avrete	voluto
vollero	ebbero	voluto	vorranno	avranno	voluto

Congiuntivo

Presente	Imperfetto	Passato		Trapassato	
voglia	volessi	abbia	voluto	avessi	voluto
voglia	volessi	abbia	voluto	avessi	voluto
voglia	volesse	abbia	voluto	avesse	voluto
vogliamo	volessimo	abbiamo	voluto	avessimo	voluto
vogliate	voleste	abbiate	voluto	aveste	voluto
vogliano	volessero	abbiano	voluto	avessero	voluto

Condizionale

Presente	Passato	
vorrei	avrei	voluto
vorresti	avresti	voluto
vorrebbe	avrebbe	voluto
vorremmo	avremmo	voluto
vorreste	avreste	voluto
vorrebbero	avrebbero	voluto

Imperativo

—	
(tu)	vogli
(Lei)	voglia
(noi)	vogliamo
(voi)	vogliate
(loro)	vogliano

Gerundio

Presente	Passato
volendo	avendo voluto

Infinito

Passato

avere voluto

Participio

Passato

voluto

Beispiele und Wendungen

Non voglio andare a casa.
Ich möchte nicht nach Hause gehen.

Ci vogliono tre ore per andare a Firenze.
Man braucht drei Stunden, um nach Florenz zu fahren.

voler bene a qu	*jdn. gern haben*
Cosa vuol dire?	*Was soll das heißen? / Was heißt das?*
vorrei	*ich würde / hätte gerne*

Weitere Verben

stravolere	
stravolere	*zu viel wollen*

Besonderheiten

Im Futur und Konditional Präsens ist der Verbstamm verkürzt (vgl. vo**rr**ò ↔ querc**e**rò, vo**rr**ei ↔ cerch**e**rei) und erhält zudem -rr-.

Die zusammengesetzten Zeiten von volere werden in der Regel mit dem Hilfsverb avere gebildet. Folgt dem Verb allerdings noch ein Infinitiv, so verlangt volere dasselbe Hilfsverb wie der nachfolgende Infinitiv.
(Vgl. dovere, potere)

Ho voluto mangiare una pizza.	*Ich wollte eine Pizza essen.*
Sono voluti andare a piedi.	*Sie wollten zu Fuß gehen.*

Tipp

Volere gehört neben dovere, potere und sapere zu den Modalverben. Diese werden im Italienischen sehr häufig verwendet. Lernen Sie deren Bedeutung und Konjugation daher sehr sorgfältig.

Eigene Notizen:

Weitere Verben

Verben der 2. Konjugation, bei denen nur Formen des *Passato remoto* und/oder das *Participio* unregelmäßig sind.
Alle Verben, bei denen nichts Gegenteiliges angegeben wurde, bilden die zusammengesetzten Zeiten mit avere.

49 **affiggere** anschlagen	**Passato remoto**		**Participio**
	affissi	affiggemmo	affisso
	affiggesti	affiggeste	
	affisse	affissero	
	Devo affigere questo manifesto in tutta la città. *Ich muss dieses Plakat in der ganzen Stadt aufhängen.* affiggere lo sguardo su qu *den Blick auf jmd. heften*		
50 **ardere** brennen	**Passato remoto**		**Participio**
	arsi	ardemmo	arso
	ardesti	ardeste	
	arse	arsero	
	La legna arde nel camino. *Das Holz brennt im Kamin.* Steht nach ardere kein direktes Objekt, werden die zusammengesetzten Zeiten mit essere gebildet: ardere d'amore/d'ira *vor Liebe/Zorn brennen* ardere di febbre *vor Fieber glühen, hohes Fieber haben* Steht dagegen nach ardere ein direktes Objekt, werden die zusammengesetzten Zeiten mit avere gebildet: ardere qc/qu *etw./jdn. verbrennen*		
51 **assolvere** freisprechen	**Passato remoto**		**Participio**
	assolsi	assolvemmo	assolto
	assolvesti	assolveste	
	assolse	assolsero	
	L'imputato è stato assolto per mancanza di prove. *Der Angeklagte ist aus Mangel an Beweisen freigesprochen worden.* assolvere da una promessa *von einem Versprechen befreien* assolvere qu dai peccati *jdm. die Absolution erteilen*		

52

assumere
übernehmen

Passato remoto		Participio
assunsi	assumemmo	assunto
assumesti	assumeste	
assunse	assunsero	

Il direttore generale dell'azienda assume una nuova segretaria.
Der Geschäftsführer des Betriebs stellt eine neue Sekretärin ein.

assumere un farmaco — *ein Medikament einnehmen*
assumersi la responsabilità — *Verantwortung übernehmen*

53

assurgere
emporsteigen

Passato remoto		Participio
assursi	assurgemmo	assurto
assurgesti	assurgeste	
assurse	assursero	

Gesù assurge in cielo.
Jesus steigt in den Himmel auf.

Die zusammengesetzten Zeiten werden mit essere gebildet.

54

concedere
gewähren

Passato remoto		Participio
concessi / concedetti	concedemmo	concesso
concedesti	concedeste	
concesse / concedette	concessero / concedettero	

Il re concesse udienza al conte.
Der König gewährte dem Grafen Audienz.

concedersi qc — *sich etw. gönnen*
concedersi a qu — *sich jdm. hingeben*

55

conoscere
kennen

Passato remoto		Participio
conobbi	conoscemmo	conosciuto
conoscesti	conosceste	
conobbe	conobbero	

Non conosco bene la sorella di Stefano.
Ich kenne die Schwester von Stefano nicht gut.

conoscere qu di vista — *jdn. vom Sehen kennen*

Weitere Verben

56

contundere
prellen

Passato remoto		**Participio**
contusi	contundemmo	contuso
contundesti	contundeste	
contuse	contusero	

Cadendo il ragazzo si è contuso un piede.
Beim Hinfallen hat sich der Junge ein Bein geprellt.

57

correre
rennen

Passato remoto		**Participio**
corsi	corremmo	corso
corresti	correste	
corse	corsero	

Die zusammengesetzten Zeiten werden mit essere gebildet, wenn ein Ziel angegeben wird:
Sono corso alla stazione.
Ich bin zum Bahnhof gerannt.

Die zusammengesetzten Zeiten werden dagegen mit avere gebildet, wenn kein Ziel angegeben wird:
Oggi abbiamo corso più di due ore.
Heute sind wir über zwei Stunden gelaufen.

correre il rischio	*Gefahr laufen*
correre tra qc	*zwischen etw. liegen* (z. B. Zeit)
correre il Giro d'Italia	*den Giro d'Italia fahren*

58

crescere
wachsen

Passato remoto		**Participio**
crebbi	crescemmo	cresciuto
crescesti	cresceste	
crebbe	crebbero	

Steht nach crescere kein direktes Objekt, werden die zusammengesetzen Zeiten mit essere gebildet:
Michele è cresciuto in un paese vicino a Milano.
Michele ist in einem Dorf in der Nähe von Mailand aufgewachsen.

Steht dagegen nach crescere ein direktes Objekt, werden die zusammengesetzten Zeiten mit avere gebildet:
Lucio e Roberta hanno cresciuto tre figli.
Lucio und Roberta haben drei Kinder großgezogen.

farsi crescere i capelli	*sich die Haare wachsen lassen*
crescere a qu	*jdm. übrig bleiben*

59
discụtere
diskutieren

Passato remoto		Participio
discussi	discutemmo	discusso
discutesti	discuteste	
discusse	discụssero	

Mi piace discutere di politica.
Ich diskutiere gerne über Politik

discutere un problema — *ein Problem erörtern*

60
dissuadere
abraten

Passato remoto		Participio
dissuasi	disuademmo	dissuaso
dissuadesti	dissuadeste	
dissuase	dissuạsero	

Paola ha dissuaso la figlia dal viaggiare da sola.
Paola hat ihrer Tochter davon abgeraten, alleine zu reisen.

dissuadere qu (da qc) — *jdn. von etw. abbringen*

61
distịnguere
unterscheiden

Passato remoto		Participio
distinsi	distinguemmo	distinto
distinguesti	distingueste	
distinse	distịnsero	

Non riesco a distinguere Maurizio da suo fratello.
Ich kann Maurizio nicht von seinem Bruder unterscheiden.

62
emẹrgere
hervorragen

Passato remoto		Participio
emersi	emergemmo	emerso
emergesti	emergeste	
emerse	emẹrsero	

Gli scogli emergono dall'acqua.
Die Felsen ragen aus dem Wasser hervor.

Die zusammengesetzten Zeiten werden mit essere gebildet.

63
ẹrgere
erheben

Passato remoto		Participio
ersi	ergemmo	erto
ergesti	ergeste	
erse	ẹrsero	

La torre si erge tra due edifici.
Der Turm ragt zwischen zwei Gebäuden hervor.

Weitere Verben

64	**Passato remoto**		**Participio**
erigere errichten	eressi erigesti eresse	erigemmo erigeste eressero	eretto
	Il monumento è stato eretto in onore di un poeta. *Das Denkmal ist zu Ehren eines Dichters errichtet worden.*		
65	**Passato remoto**		**Participio**
espandere ausdehnen	espansi espandesti espanse	espandemmo espandeste espansero	espanso
	La spiaggia si espande lungo la costa. *Der Strand erstreckt sich entlang der Küste.*		
66	**Passato remoto**		**Participio**
espellere ausweisen	espulsi espellesti espulse	espellemmo espelleste espulsero	espulso
	Il giocatore è stato espulso dal campo. *Der Spieler wurde des Feldes verwiesen.*		
	espellere qu	*jdn. ausschließen*	
67	**Passato remoto**		**Participio**
esprimere ausdrücken	espressi esprimesti espresse	esprimemmo esprimeste espressero	espresso
	Non riesco ad esprimere i miei sentimenti. *Ich kann meine Gefühle nicht ausdrücken.*		
68	**Passato remoto**		**Participio**
figgere hineintreiben	fissi figgesti fisse	figgemmo figgeste fissero	fitto
	Mi figgo un'idea in testa. *Ich setze mir eine Idee in den Kopf.*		
	figgere lo sguardo	*den Blick fest auf etw. / jdn. richten*	

69

fingere
vortäuschen

Passato remoto		Participio
finsi	fingemmo	finto
fingesti	fingeste	
finse	finsero	

Gli allievi fingono di studiare.
Die Schüler tun so, als ob sie lernen würden

fingere di fare qc	*so tun, als ob man etw. täte*
fingersi pazzo	*sich verrückt stellen*
fingere di non sentire	*sich taub stellen, so tun als ob man nichts hört*

70

fondere
schmelzen

Passato remoto		Participio
fusi	fondemmo	fuso
fondesti	fondeste	
fuse	fusero	

Il saldatore fonde il metallo.
Der Schweißer schmilzt das Metall.

fondere qc con qc	*etw. mit etw. verschmelzen / vereinigen*

71

frangere
brechen

Passato remoto		Participio
fransi	frangemmo	franto
frangesti	frangeste	
franse	fransero	

Dieci fratto due fa cinque.
Zehn geteilt durch zwei macht fünf.

frangere le olive	*Oliven auspressen*

72

fungere
fungieren

Passato remoto		Participio
funsi	fungemmo	funto
fungesti	fungeste	
funse	funsero	

Questo tavolo funge da scrivania.
Dieser Tisch dient als Schreibtisch.

fungere da ministro	*das Amt eines Ministers ausüben*

Weitere Verben

73 **giungere** ankommen	**Passato remoto**		**Participio**
	giunsi giungesti giunse	giungemmo giungeste giunsero	giunto
	I soldati giunsero al castello all'alba. *Die Soldaten kamen bei Tagesanbruch am Schloss an.* giungere le mani *die Hände falten* Die zusammengesetzten Zeiten werden mit essere gebildet. Giungere ist ein eher literarisches Verb, im alltäglichen Italienisch würde man eher arrivare bzw. raggiungere verwenden.		
74 **indulgere** nachgeben	**Passato remoto**		**Participio**
	indulsi indulgesti indulse	indulgemmo indulgeste indulsero	indulto
	Carla non indulge ai capricci dei suoi bambini. *Carla gibt den Launen ihrer Kinder nicht nach.* indulgere a qc *etw. nachgeben*		
75 **invadere** überfallen	**Passato remoto**		**Participio**
	invasi invadesti invase	invademmo invadeste invasero	invaso
	Tra 58 e 50 a.C. Giulio Cesare invase la Gallia. *Cäsar überfiel zwischen 58 und 50 v.Chr. Gallien.* invadere un paese *ein Land besetzen / überfallen* invadere la campagna *das Land überschwemmen / überfluten*		
76 **leggere** lesen	**Passato remoto**		**Participio**
	lessi leggesti lesse	leggemmo leggeste lessero	letto
	Mi piace leggere prima di dormire. *Ich lese gerne vor dem Schlafengehen.* leggere un libro / il giornale *ein Buch / die Zeitung lesen*		

77	**Passato remoto**		**Participio**
mettere setzen, legen, stellen	misi mettesti mise	mettemmo metteste misero	messo

Dove hai messo il telefono, Alessandro?
Wo hast du das Telefon hingelegt, Alessandro?

mettere qc su / dentro qc	*etw. auf / in etw. setzen / stellen / legen*
mettere addosso qc	*etw. anziehen*
mettere giù qc	*etw. hinlegen / abstellen*
mettersi a fare qc	*beginnen, etw. zu tun*

78	**Passato remoto**		**Participio**
mordere beißen	morsi mordesti morse	mordemmo mordeste morsero	morso

Il cane ha morso la gamba del ragazzo.
Der Hund hat dem Jungen ins Bein gebissen.

mordersi la lingua	*sich auf die Zunge beißen*
mordersi le mani *(fig.)*	*sich die Haare raufen*

79	**Passato remoto**		**Participio**
nascere geboren werden	nacqui nascesti nacque	nascemmo nasceste nacquero	nato

Ilaria è nata a Lucca il 9 aprile 1950.
Ilaria ist am 9. April 1950 in Lucca geboren.

Giacomo Leopardi nacque il 29 giugno 1798.
Giacomo Leopardi wurde am 29. Juni 1798 geboren.

essere nato per qc	*für etw. geboren sein*
nascere bene	*in einer wohlhabenden Familie geboren sein*
Non sono nato ieri!	*Ich bin nicht von gestern!*

Die zusammengesetzten Zeiten werden mit essere gebildet.

Weitere Verben

80 **perdere** verlieren	**Passato remoto** persi / perdei / -etti — perdemmo perdesti — perdeste perse / perdé / -ette — persero / perderono / perdettero	**Participio** perso / perduto
	Ho perso la chiave mentre facevo una passeggiata. *Ich habe den Schlüssel verloren, während ich einen Spaziergang machte.* perdere la pazienza — *die Geduld verlieren* Lascia perdere! — *Lass gut sein!* perdersi — *verloren gehen* perdersi dietro a qu — *wegen jdn. den Kopf verlieren* Die unregelmäßigen Formen persi, perse, persero, perso etc. sind geläufiger.	
81 **piangere** weinen	**Passato remoto** piansi — piangemmo piangesti — piangeste pianse — piansero	**Participio** pianto
	Sto piangendo dalla gioia di aver passato l'esame. *Ich weine aus Freude, die Prüfung bestanden zu haben.* far piangere qu — *jdm. zum Weinen bringen* piangere qc — *etw. beweinen* piangere dalla felicità / gioia — *vor Freude weinen*	
82 **piovere** regnen	**Passato remoto** — — — — — — piovve — piovvero	**Participio** piovuto
	Sta piovendo tutto il giorno. *Es regnet den ganzen Tag.* Piove a catinelle / dirotto. — *Es gießt in Strömen. / Es schüttet wie aus Eimern.* Die zusammengesetzten Zeiten von piovere können sowohl mit essere als auch mit avere gebildet werden: È / Ha piovuto. — *Es hat geregnet.*	

83	**Passato remoto**		**Participio**
prendere nehmen	presi prendesti prese	prendemmo prendeste presero	preso
	Perché non prendi la macchina per fare la spesa? *Warum nimmst du nicht das Auto, um einkaufen zu gehen?*		
	prendere il raffreddore passar a prendere qu prendere paura prendere un caffè con qu prendere alla lettera prendere di mira qu Prendere o lasciare! Mi prendi in giro? Non te la prendere!	*sich erkälten* *jdn. abholen* *sich erschrecken* *mit jdm. Kaffee trinken* *wörtlich nehmen* *es auf jdn. abgesehen haben* *Entweder oder! / Ja oder nein!* *Nimmst du mich auf den Arm?* *Reg dich nicht auf! Ärgere dich nicht!*	
84	**Passato remoto**		**Participio**
redigere verfassen	redassi redigesti redasse	redigemmo redigeste redassero	redatto
	Il giornalista redige il testo del suo articolo. *Der Journalist verfasst den Text seines Artikels.*		
85	**Passato remoto**		**Participio**
redimere erlösen	redensi redimesti redense	redimemmo redimeste redensero	redento
	Cristo ha redento l'umanità. *Christus hat die Menschheit erlöst.*		
86	**Passato remoto**		**Participio**
resistere aushalten	resistei / -etti resistesti resisté / -ette	resistemmo resisteste resisterono / -ettero	resistito
	Questa pianta non resiste al freddo. *Diese Pflanze verträgt keine Kälte.*		
	resistere a qc / qu	*etw. / jdm. widerstehen*	

Weitere Verben

87

ridere
lachen

Passato remoto		**Participio**
risi	ridemmo	riso
ridesti	rideste	
rise	risero	

Leonardo è un tipo che fa ridere.
Leonardo ist jemand, der einen zum Lachen bringt.

Ma non farmi ridere!	*Dass ich nicht lache!*
Non c'è niente da ridere!	*Da gibt es nichts zu lachen!*

88

riflettere
widerspiegeln, nachdenken

Passato remoto		**Participio**
riflessi / riflettei	riflettemmo	riflesso / riflettuto
riflettesti	rifletteste	
riflesse / rifletté	riflessero / rifletterono	

Non mi disturbare! Devo riflettere.
Stör mich nicht! Ich muss nachdenken.

C'è poco da riflettere!
Da gibt es nicht viel zu überlegen!

Die unregelmäßigen Formen riflessi, riflesso etc. sind geläufiger.

89

rispondere
antworten

Passato remoto		**Participio**
risposi	rispondemmo	risposto
rispondesti	rispondeste	
rispose	risposero	

Non vuoi rispondere alla mia domanda?
Willst du meine Frage nicht beantworten?

rispondere al telefono	*ans Telefon rangehen*
rispondere male a qu	*jdm. eine freche / unverschämte Antwort geben*

90

rodere
nagen

Passato remoto		**Participio**
rosi	rodemmo	roso
rodesti	rodeste	
rose	rosero	

I topi di Amalia amano rodere il legno.
Die Mäuse von Amalia nagen gerne an Holz.

91

rompere
brechen

Passato remoto		Participio
ruppi	rompemmo	rotto
rompesti	rompeste	
ruppe	ruppero	

Raimondo si è rotto una gamba.
Raimondo hat sich ein Bein gebrochen.

rompere qc	*etw. kaputt machen*
rompersi	*kaputt gehen*
Quanto rompi!	*Du nervst vielleicht!*

92

scindere
spalten

Passato remoto		Participio
scissi	scindemmo	scisso
scindesti	scindeste	
scisse	scissero	

Il partito si scinde in due gruppi.
Die Partei spaltet sich in zwei Gruppen.

93

scrivere
schreiben

Passato remoto		Participio
scrissi	scrivemmo	scritto
scrivesti	scriveste	
scrisse	scrissero	

La figlia di Isabella sa già leggere e scrivere.
Die Tochter von Isabella kann schon lesen und schreiben.

scrivere qc	*etw. schreiben*
scrivere di / su qc	*über etw. schreiben*
scrivere a qu	*jdm. schreiben*
scrivere appunti	*sich Notizen machen*

94

sorgere
aufgehen,
sich erheben

Passato remoto		Participio
sorsi	sorgemmo	sorto
sorgesti	sorgeste	
sorse	sorsero	

Oggi il sole è sorto alle 7.15 e tramonta alle 16.55.
Die Sonne ist heute um 7.15 Uhr aufgegangen und geht um 16.55 Uhr unter.

Die zusammengesetzten Zeiten werden mit essere gebildet.

95 **spargere** ausstreuen	**Passato remoto**		**Participio**
	sparsi	spargemmo	sparso
	spargesti	spargeste	
	sparse	sparsero	
	La notizia si è sparsa in tutto il quartiere. *Die Nachricht hat sich im ganzen Viertel verbreitet.*		
96 **stringere** drücken	**Passato remoto**		**Participio**
	strinsi	stringemmo	stretto
	stringesti	stringeste	
	strinse	strinsero	
	Marta stringe i suoi figli fra le braccia. *Marta schließt ihre Kinder in die Arme.*		
	stringere la mano	*die Hand schütteln*	
	stringere la cinghia	*den Gürtel enger schnallen*	
	stringersi	*enger werden*	
97 **struggere** (dahin)schmelzen	**Passato remoto**		**Participio**
	strussi	struggemmo	strutto
	struggesti	struggeste	
	strusse	strussero	
	Marcello si strugge per una spagnola. *Marcello schmachtet nach einer Spanierin.*		
98 **torcere** drehen	**Passato remoto**		**Participio**
	torsi	torcemmo	torto
	torcesti	torceste	
	torse	torsero	
	Se lo vedo gli torco il collo. *Wenn ich ihn sehe, drehe ich ihm den Hals rum.*		

99 **vincere** gewinnen	**Passato remoto**		**Participio**
	vinsi	vincemmo	vinto
	vincesti	vinceste	
	vinse	vinsero	
	Lorenzo ha vinto il concorso. *Lorenzo hat den Wettbewerb gewonnen.*		
	vincere qu	*jdn. besiegen*	
	vincere per uno a zero	*eins zu null gewinnen*	
100 **volgere** wenden	**Passato remoto**		**Participio**
	volsi	volgemmo	volto
	volgesti	volgeste	
	volse	volsero	
	Mi volse le spalle e se ne andò. *Er kehrte mir den Rücken zu und ging weg.*		
	volgere adestra	*nach rechts abbiegen*	
	volgere al termine	*dem Ende zugehen*	
	volgere le cose in burla	*die Dinge ins Lächerliche ziehen*	
	volgersi contro qu / qc	*sich gegen jdn. / etw. richten*	

Tipp:

Bei den Verben mit unregelmäßigem Partizip sollten Sie diese zusammen mit dem Infinitiv lernen. Zu dieser Gruppe gehören auch einige sehr häufige Verben, lernen Sie also immer: mettere - messo (setzen, stellen legen), rompere - rotto (brechen) etc.

Sie können sich diese Formen auch auf kleine Karteikärtchen schreiben und diese so lernen, z. B. den Infinitiv und seine Übersetzung auf die Vorderseite und das Partizip auf die Rückseite.

Eigene Notizen:

101 sentire

hören, fühlen

Regelmäßiges Verb

Indicativo

Presente

sent**o**
sent**i**
sent**e**
sent**iamo**
sent**ite**
sẹnt**ono**

Passato prossimo

ho	sentito
hai	sentito
ha	sentito
abbiamo	sentito
avete	sentito
hanno	sentito

Imperfetto

sent**ivo**
sent**ivi**
sent**iva**
sent**ivamo**
sent**ivate**
sent**ịvano**

Trapassato prossimo

avevo	sentito
avevi	sentito
aveva	sentito
avevamo	sentito
avevate	sentito
avẹvano	sentito

Passato remoto

sent**ii**
sent**isti**
sent**ì**
sent**immo**
sent**iste**
sent**ịrono**

Trapassato remoto

ebbi	sentito
avesti	sentito
ebbe	sentito
avemmo	sentito
aveste	sentito
ẹbbero	sentito

Futuro semplice

sent**irò**
sent**irai**
sent**irà**
sent**iremo**
sent**irete**
sent**iranno**

Futuro anteriore

avrò	sentito
avrai	sentito
avrà	sentito
avremo	sentito
avrete	sentito
avranno	sentito

Congiuntivo

Presente

sent**a**
sent**a**
sent**a**
sent**iamo**
sent**iate**
sẹnt**ano**

Imperfetto

sent**issi**
sent**issi**
sent**isse**
sent**ịssimo**
sent**iste**
sent**ịssero**

Passato

abbia	sentito
abbia	sentito
abbia	sentito
abbiamo	sentito
abbiate	sentito
ạbbiano	sentito

Trapassato

avessi	sentito
avessi	sentito
avesse	sentito
avẹssimo	sentito
aveste	sentito
avẹssero	sentito

Condizionale

Presente

sent**irei**
sent**iresti**
sent**irebbe**
sent**iremmo**
sent**ireste**
sent**irẹbbero**

Passato

avrei	sentito
avresti	sentito
avrebbe	sentito
avremmo	sentito
avreste	sentito
avrẹbbero	sentito

Imperativo

—	
(tu)	sent**i**
(Lei)	sent**a**
(noi)	sent**iamo**
(voi)	sent**ite**
(loro)	sẹnt**ano**

Gerundio

Presente

sent**endo**

Passato

avendo sentito

Infinito

Passato

avere sentito

Participio

Passato

sent**ito**

Beispiele und Wendungen

Mi sentite là in fondo o devo parlare più forte?
Hört ihr mich dort hinten oder soll ich lauter sprechen?

sentire qu / qc	*jdn. / etw. hören / fühlen / riechen / schmecken*
sentirsi bene / male	*sich gut / schlecht fühlen*
Ci sentiamo!	*Wir hören voneinander!*
Senti un po'!	*Hör mal!*

Weitere Verben

acconsentire - convertire - dormire - partire - vestire

acconsentire a qc	*etw. zustimmen*
convertire qu	*jdn. bekehren*
dormire bene / male	*gut / schlecht schlafen*
partire per Amburgo	*nach Hamburg abreisen*

Besonderheiten

Die regelmäßigen Endungen des Verbs sind in der Konjugationstabelle fett hervorgehoben.

Einige der Verben dieser Gruppe können auch nach dem Schema von capire konjugiert werden. Dazu zählen aborrire, applaudire, assorbire, dipartire, eseguire, inghiottire, languire, mentire, nutrire, ripartire, sbollire.

Einige Verben dieser Gruppe bilden das Partizip auf -ente und / oder -iente, z. B. dormire – dormente / dormiente, fuggire – fuggente / fuggito.

Tipp

Merken Sie sich den Unterschied zwischen sentire im Sinne von *hören / wahrnehmen* und ascoltare *zuhören*:

Valerio non mi sente.	*Valerio hört mich nicht.*
Valerio non mi ascolta.	*Valerio hört mir nicht zu.*

Eigene Notizen:

apparire

erscheinen

Indicativo

Presente	Passato prossimo	
appaio / apparisco	sono	apparso
appari / apparisci	sei	apparso
appare / apparisce	è	apparso
appariamo	siamo	apparsi
apparite	siete	apparsi
appaiono / appariscono	sono	apparsi

Imperfetto	Trapassato prossimo	
apparivo	ero	apparso
apparivi	eri	apparso
appariva	era	apparso
apparivamo	eravamo	apparsi
apparivate	eravate	apparsi
apparivano	erano	apparsi

Passato remoto	Trapassato remoto	
apparii / -arsi / -arvi	fui	apparso
apparisti	fosti	apparso
apparì / -arse / -arve	fu	apparso
apparimmo	fummo	apparsi
appariste	foste	apparsi
apparirono / -arsero / -arvero	furono	apparsi

Futuro semplice	Futuro anteriore	
apparirò	sarò	apparso
apparirai	sarai	apparso
apparirà	sarà	apparso
appariremo	saremo	apparsi
apparirete	sarete	apparsi
appariranno	saranno	apparsi

Congiuntivo

Presente

appaia / apparisca
appaia / apparisca
appaia / apparisca
appariamo
appariate
appaiano / appariscano

Imperfetto

apparissi
apparissi
apparisse
apparissimo
appariste
apparissero

Passato	
sia	apparso
sia	apparso
sia	apparso
siamo	apparsi
siate	apparsi
siano	apparsi

Trapassato	
fossi	apparso
fossi	apparso
fosse	apparso
fossimo	apparsi
foste	apparsi
fossero	apparsi

Condizionale

Presente

apparirei
appariresti
apparirebbe
appariremmo
apparireste
apparirebbero

Passato	
sarei	apparso
saresti	apparso
sarebbe	apparso
saremmo	apparsi
sareste	apparsi
sarebbero	apparsi

Imperativo

—	
(tu)	appari / apparisci
(Lei)	appaia / apparisca
(noi)	appariamo
(voi)	apparite
(loro)	appaiano / appariscano

Gerundio

Presente

apparendo

Passato

essendo apparso

Infinito

Passato

essere apparso

Participio

Passato

apparso

Beispiele und Wendungen

Il comportamento di Fabio mi appare inadeguato.
Fabios Verhalten erscheint mir unangebracht.

In sogno gli è apparso un buon amico.
Im Traum ist ihm ein guter Freund erschienen.

apparire a qu	*jdm. erscheinen*
apparire strano / triste etc.	*seltsam / traurig etc. erscheinen*

Weitere Verben

comparire - scomparire

comparire a qu	*jdm. erscheinen*
scomparire	*verschwinden*

Besonderheiten

Die Verben dieser Gruppe können auch nach dem Schema von capire konjugiert werden (z. B. appare - apparisce), wobei die Formen ohne Stammerweiterung (z. B. appare) geläufiger sind. Beachten Sie bitte auch die 1. und 3. Person Singular und 3. Person Plural im Passato remoto, bei denen drei verschiedene Formen möglich sind (z. B. apparii - apparsi - apparvi). Die Endungen mit -v- (z. B. appar**v**e) sind hier etwas verbreiteter als die beiden anderen Varianten.

Tipp

Merken Sie sich auch die aus apparire abgeleiteten Wörter: z. B.

l'apparenza	*der (An)schein*
l'apparizione	*das Erscheinen, die Erscheinung*

Eigene Notizen:

103 aprire

öffnen

Regelmäßiges Verb

Indicativo

Presente	Passato prossimo	
apro	ho	aperto
apri	hai	aperto
apre	ha	aperto
apriamo	abbiamo	aperto
aprite	avete	aperto
aprono	hanno	aperto

Imperfetto	Trapassato prossimo	
aprivo	avevo	aperto
aprivi	avevi	aperto
apriva	aveva	aperto
aprivamo	avevamo	aperto
aprivate	avevate	aperto
aprivano	avevano	aperto

Passato remoto	Trapassato remoto	
aprii / apersi	ebbi	aperto
apristi	avesti	aperto
aprì / aperse	ebbe	aperto
aprimmo	avemmo	aperto
apriste	aveste	aperto
aprirono / apersero	ebbero	aperto

Futuro semplice	Futuro anteriore	
aprirò	avrò	aperto
aprirai	avrai	aperto
aprirà	avrà	aperto
apriremo	avremo	aperto
aprirete	avrete	aperto
apriranno	avranno	aperto

Congiuntivo

Presente

apra
apra
apra
apriamo
apriate
aprano

Imperfetto

aprissi
aprissi
aprisse
aprissimo
apriste
aprissero

Passato	
abbia	aperto
abbia	aperto
abbia	aperto
abbiamo	aperto
abbiate	aperto
abbiano	aperto

Trapassato	
avessi	aperto
avessi	aperto
avesse	aperto
avessimo	aperto
aveste	aperto
avessero	aperto

Condizionale

Presente

aprirei
apriresti
aprirebbe
apriremmo
aprireste
aprirebbero

Passato	
avrei	aperto
avresti	aperto
avrebbe	aperto
avremmo	aperto
avreste	aperto
avrebbero	aperto

Imperativo

—	
(tu)	apri
(Lei)	apra
(noi)	apriamo
(voi)	aprite
(loro)	aprano

Gerundio

Presente

aprendo

Passato

avendo aperto

Infinito

Passato

avere aperto

Participio

Passato

aperto

Beispiele und Wendungen

Potresti aprire la finestra, per cortesia?
Würdest du bitte das Fenster öffnen?

Il supermercato è aperto dalle 9.00 alle 20.30.
Der Supermarkt ist von 9.00 Uhr bis 20.30 Uhr geöffnet.

aprire il libro / giornale	*das Buch / die Zeitung aufschlagen*
aprire l'acqua	*das Wasser aufdrehen*
aprire un negozio	*ein Geschäft eröffnen*

Weitere Verben

coprire - riaprire - scoprire

coprire qc	*etw. bedecken / zudecken*
riaprire un negozio	*ein Geschäft wiedereröffnen*
scoprire qc	*etw. entdecken*

Besonderheiten

Im Passato remoto sind in der 1. und 3. Person Singular und 3. Person Plural folgende Doppelformen möglich: aprii / apersi - aprì / aperse - aprirono / apersero. Die regelmäßigen Formen aprii - aprì - aprirono sind jedoch geläufiger.

Tipp

Merken Sie sich die Partizipien aperto *geöffnet* und chiuso *geschlossen* gut. In Italien kommt es oft vor, dass Banken und Geschäfte um die Mittagszeit geschlossen sind und erst spät am Nachmittag wieder öffnen.

Eigene Notizen:

verstehen

Indicativo

Presente	Passato prossimo	
capisco	ho	capito
capisci	hai	capito
capisce	ha	capito
capiamo	abbiamo	capito
capite	avete	capito
capiscono	hanno	capito

Imperfetto	Trapassato prossimo	
capivo	avevo	capito
capivi	avevi	capito
capiva	aveva	capito
capivamo	avevamo	capito
capivate	avevate	capito
capivano	avevano	capito

Passato remoto	Trapassato remoto	
capii	ebbi	capito
capisti	avesti	capito
capì	ebbe	capito
capimmo	avemmo	capito
capiste	aveste	capito
capirono	ebbero	capito

Futuro semplice	Futuro anteriore	
capirò	avrò	capito
capirai	avrai	capito
capirà	avrà	capito
capiremo	avremo	capito
capirete	avrete	capito
capiranno	avranno	capito

Congiuntivo

Presente
capisca
capisca
capisca
capiamo
capiate
capiscano

Imperfetto
capissi
capissi
capisse
capissimo
capiste
capissero

Passato	
abbia	capito
abbia	capito
abbia	capito
abbiamo	capito
abbiate	capito
abbiano	capito

Trapassato	
avessi	capito
avessi	capito
avesse	capito
avessimo	capito
aveste	capito
avessero	capito

Condizionale

Presente
capirei
capiresti
capirebbe
capiremmo
capireste
capirebbero

Passato	
avrei	capito
avresti	capito
avrebbe	capito
avremmo	capito
avreste	capito
avrebbero	capito

Imperativo

—	
(tu)	capisci
(Lei)	capisca
(noi)	capiamo
(voi)	capite
(loro)	capiscano

Gerundio

Presente	Passato
capendo	avendo capito

Infinito

Passato
avere capito

Participio

Passato
capito

Beispiele und Wendungen

Stefano non ha capito una parola.
Stefano hat überhaupt nichts verstanden.

capire qc / qu	*etw. / jdn. verstehen*
capirsi	*sich verstehen*
farsi capire	*sich verständlich machen*
Si capisce!	*Das versteht sich von selbst!*

Weitere Verben

agire – chiarire – definire – dimagrire – distribuire – ferire – finire – garantire – impazzire – partorire – preferire – pulire – reagire – sostituire – spedire – tradire

chiarire qc	*etw. klären*
dimagrire di ... chili	*... Kilo abnehmen*
finire di fare qc	*aufhören, etw. zu tun*
spedire qc per fax	*etw. per Fax verschicken*

Besonderheiten

Zu dieser Gruppe gehören die Verben mit Stammerweiterung. Das bedeutet, dass im Präsens die Endungen an den Stamm mit -isc angehängt werden: z. B. capisco (cap + isc – o). Die 1. und 2. Person Plural werden allerdings ohne Stammerweiterung gebildet (capiamo, capite). Einige Verben dieser Gruppe bilden das Partizip auf -ente und / oder -iente, zum Beispiel: preferire – preferente / preferito.

Tipp

Es gibt eine Vielzahl an Verben mit Stammerweiterung. Merken Sie sich daher den Infinitiv immer mit der 1. Person Singular: z. B. finire – finisco etc.

Eigene Notizen:

nähen

Regelmäßiges Verb, aber -c- wird -ci- vor -a und -o

Indicativo

Presente	Passato prossimo	
cucio	ho	cucito
cuci	hai	cucito
cuce	ha	cucito
cuciamo	abbiamo	cucito
cucite	avete	cucito
cuciono	hanno	cucito

Imperfetto	Trapassato prossimo	
cucivo	avevo	cucito
cucivi	avevi	cucito
cuciva	aveva	cucito
cucivamo	avevamo	cucito
cucivate	avevate	cucito
cucivano	avevano	cucito

Passato remoto	Trapassato remoto	
cucii	ebbi	cucito
cucisti	avesti	cucito
cucì	ebbe	cucito
cucimmo	avemmo	cucito
cuciste	aveste	cucito
cucirono	ebbero	cucito

Futuro semplice	Futuro anteriore	
cucirò	avrò	cucito
cucirai	avrai	cucito
cucirà	avrà	cucito
cuciremo	avremo	cucito
cucirete	avrete	cucito
cuciranno	avranno	cucito

Congiuntivo

Presente
cucia
cucia
cucia
cuciamo
cuciate
cuciano

Imperfetto
cucissi
cucissi
cucisse
cucissimo
cuciste
cucissero

Passato	
abbia	cucito
abbia	cucito
abbia	cucito
abbiamo	cucito
abbiate	cucito
abbiano	cucito

Trapassato	
avessi	cucito
avessi	cucito
avesse	cucito
avessimo	cucito
aveste	cucito
avessero	cucito

Condizionale

Presente
cucirei
cuciresti
cucirebbe
cuciremmo
cucireste
cucirebbero

Passato	
avrei	cucito
avresti	cucito
avrebbe	cucito
avremmo	cucito
avreste	cucito
avrebbero	cucito

Imperativo

—	
(tu)	cuci
(Lei)	cucia
(noi)	cuciamo
(voi)	cucite
(loro)	cuciano

Gerundio

Presente	Passato
cucendo	avendo cucito

Infinito

Passato

avere cucito

Participio

Passato

cucito

Beispiele und Wendungen

Mia zia ha imparato a cucire a scuola.
Meine Tante hat in der Schule nähen gelernt.

Questa camicia è stata cucita a mano.
Dieses Hemd wurde von Hand genäht.

cucire a mano	*mit der Hand nähen*
cucire a macchina	*mit der Maschine nähen*
saper cucire	*nähen können*
macchina da cucire	*Nähmaschine*

Weitere Verben

ricucire – scucire

ricucire qc	*etw. (zu-/zusammen-)nähen*
scucire qc	*etw. auftrennen*

Besonderheiten

Die Verben dieser Gruppe werden regelmäßig gebildet. Beachten Sie jedoch folgende Besonderheit:
-c- wird -ci- vor -a und -o (z. B. cu**ci**o, cu**ci**a)

Tipp

Merken Sie sich neben cucire noch weitere Handarbeiten:

lavorare a maglia	*stricken*
lavorare all'uncinetto	*häkeln*

Eigene Notizen:

106 inorgoglire

stolz machen

Verb mit Stammerweiterung -isc- / Gerundio auf -iendo

Indicativo

Presente	Passato prossimo	
inorgoglisco	ho	inorgoglito
inorgoglisci	hai	inorgoglito
inorgoglisce	ha	inorgoglito
inorgogliamo	abbiamo	inorgoglito
inorgoglite	avete	inorgoglito
inorgogliscono	hanno	inorgoglito

Imperfetto	Trapassato prossimo	
inorgoglivo	avevo	inorgoglito
inorgoglivi	avevi	inorgoglito
inorgogliva	aveva	inorgoglito
inorgoglivamo	avevamo	inorgoglito
inorgoglivate	avevate	inorgoglito
inorgoglivano	avevano	inorgoglito

Passato remoto	Trapassato remoto	
inorgoglii	ebbi	inorgoglito
inorgoglisti	avesti	inorgoglito
inorgoglì	ebbe	inorgoglito
inorgoglimmo	avemmo	inorgoglito
inorgogliste	aveste	inorgoglito
inorgoglirono	ebbero	inorgoglito

Futuro semplice	Futuro anteriore	
inorgoglirò	avrò	inorgoglito
inorgoglirai	avrai	inorgoglito
inorgoglirà	avrà	inorgoglito
inorgogliremo	avremo	inorgoglito
inorgoglirete	avrete	inorgoglito
inorgogliranno	avranno	inorgoglito

Congiuntivo

Presente	Imperfetto
inorgoglisca	inorgoglissi
inorgoglisca	inorgoglissi
inorgoglisca	inorgoglisse
inorgogliamo	inorgoglissimo
inorgogliate	inorgogliste
inorgogliscano	inorgoglissero

Passato		Trapassato	
abbia	inorgoglito	avessi	inorgoglito
abbia	inorgoglito	avessi	inorgoglito
abbia	inorgoglito	avesse	inorgoglito
abbiamo	inorgoglito	avessimo	inorgoglito
abbiate	inorgoglito	aveste	inorgoglito
abbiano	inorgoglito	avessero	inorgoglito

Condizionale

Presente	Passato	
inorgoglirei	avrei	inorgoglito
inorgogliresti	avresti	inorgoglito
inorgoglirebbe	avrebbe	inorgoglito
inorgogliremmo	avremmo	inorgoglito
inorgoglireste	avreste	inorgoglito
inorgoglirebbero	avrebbero	inorgoglito

Imperativo

—	
(tu)	inorgoglisci
(Lei)	inorgoglisca
(noi)	inorgogliamo
(voi)	inorgoglite
(loro)	inorgogliscano

Gerundio

Presente	Passato
inorgogliendo	avendo inorgoglito

Infinito

Passato

avere inorgoglito

Participio

Passato

inorgoglito

Beispiele und Wendungen

Mi inorgoglisco della laurea di mia figlia.
Ich bin stolz auf den Hochschulabschluss meiner Tochter.

Il successo di Simona inorgoglisce Andrea.
Simonas Erfolg macht Andrea stolz.

inorgoglire qu	*jdn. stolz machen*
inorgoglirsi di qc	*auf etw. stolz sein*

Besonderheiten

Inorgoglire gehört zu der Gruppe der Verben mit Stammerweiterung*. Das bedeutet, dass im Präsens die Endungen an den Stamm mit -isc angehängt werden: (inorgogl + isc - o). Die 1. und 2. Person Plural werden allerdings ohne Stammerweiterung gebildet (inorgogliamo, inorgoglite).
* Vgl. capire

Beachten Sie bitte die besondere Form des Gerundiums: inorgogl**i**endo.
Dieses Verb wird auch mit dem Hilfsverb essere konjugiert.

Tipp

Die Wendung inorgoglirsi di qc (*auf etw. stolz sein*) kann auch mit dem Adjektiv orgoglioso / a wiedergegeben werden:
Alessandra è orgogliosa del successo di suo figlio.
Alessandra ist auf den Erfolg ihres Sohnes stolz.

Die Bildung von Verben mit der Vorsilbe in- ist im Italienischen sehr verbreitet.
Die Bedeutung ist oftmals *jdn. zu etw. bringen*: z. B.

incoraggiare qu	*jdn. ermutigen*
incuriosire qu	*jdn. neugierig machen*

Eigene Notizen:

107 morire

sterben

Indicativo

Presente	Passato prossimo	
muoio	sono	morto
muori	sei	morto
muore	è	morto
moriamo	siamo	morti
morite	siete	morti
muoiono	sono	morti

Imperfetto	Trapassato prossimo	
morivo	ero	morto
morivi	eri	morto
moriva	era	morto
morivamo	eravamo	morti
morivate	eravate	morti
morivano	erano	morti

Passato remoto	Trapassato remoto	
morii	fui	morto
moristi	fosti	morto
morì	fu	morto
morimmo	fummo	morti
moriste	foste	morti
morirono	furono	morti

Futuro semplice	Futuro anteriore	
mor(i)rò	sarò	morto
mor(i)rai	sarai	morto
mor(i)rà	sarà	morto
mor(i)remo	saremo	morti
mor(i)rete	sarete	morti
mor(i)ranno	saranno	morti

Congiuntivo

Presente
muoia
muoia
muoia
moriamo
moriate
muoiano

Imperfetto
morissi
morissi
morisse
morissimo
moriste
morissero

Passato	
sia	morto
sia	morto
sia	morto
siamo	morti
siate	morti
siano	morti

Trapassato	
fossi	morto
fossi	morto
fosse	morto
fossimo	morti
foste	morti
fossero	morti

Condizionale

Presente
mor(i)rei
mor(i)resti
mor(i)rebbe
mor(i)remmo
mor(i)reste
mor(i)rebbero

Passato	
sarei	morto
saresti	morto
sarebbe	morto
saremmo	morti
sareste	morti
sarebbero	morti

Imperativo

—	
(tu)	muori
(Lei)	muoia
(noi)	moriamo
(voi)	morite
(loro)	muoiano

Gerundio

Presente	Passato
morendo	essendo morto

Infinito

Passato
essere morto

Participio

Passato
morto

Beispiele und Wendungen

La nonna di Carlo è morta di vecchiaia.
Carlos Großmutter ist an Alterschwäche gestorben.

Il poeta Dante Alighieri morì nel 1321 a Ravenna.
Der Dichter Dante Alighieri starb im Jahr 1321 in Ravenna.

morire di qc	*an etw. sterben*
essere stanco da morire	*todmüde sein*
morire di fame / sete	*verhungern / verdursten*
avere una fame da morire	*einen Mordshunger haben*
morire di morte naturale	*eines natürlichen Todes sterben*
morire dal ridere	*sich totlachen*
morire per la libertà	*für die Freiheit sterben*

Besonderheiten

-o- wird -uo-
Im Indikativ Präsens und Konjunktiv sind die Formen mit -uo- zu beachten (z. B. m**uo**io, m**uo**ia). Die 1. und 2. Person Plural sind davon ausgenommen (m**o**riamo, m**o**rite). In den anderen Zeiten und Modi ist -o- im Verbstamm vorhanden.

Tipp

Lesen Sie die Formen laut vor und achten Sie auf die Betonungen. Fällt die Betonung auf -uo- (z. B. m**uọ**io) so liegt der Akzent stets auf dem -o-.
Vgl. muovere, nuocere, scuotere

Eigene Notizen:

offrire

anbieten

Indicativo

Presente	Passato prossimo		Imperfetto	Trapassato prossimo	
offro	ho	offerto	offrivo	avevo	offerto
offri	hai	offerto	offrivi	avevi	offerto
offre	ha	offerto	offriva	aveva	offerto
offriamo	abbiamo	offerto	offrivamo	avevamo	offerto
offrite	avete	offerto	offrivate	avevate	offerto
offrono	hanno	offerto	offrivano	avevano	offerto

Passato remoto	Trapassato remoto		Futuro semplice	Futuro anteriore	
offrii / offersi	ebbi	offerto	offrirò	avrò	offerto
offristi	avesti	offerto	offrirai	avrai	offerto
offrì / offerse	ebbe	offerto	offrirà	avrà	offerto
offrimmo	avemmo	offerto	offriremo	avremo	offerto
offriste	aveste	offerto	offrirete	avrete	offerto
offrirono / offersero	ebbero	offerto	offriranno	avranno	offerto

Congiuntivo

Presente	Imperfetto	Passato		Trapassato	
offra	offrissi	abbia	offerto	avessi	offerto
offra	offrissi	abbia	offerto	avessi	offerto
offra	offrisse	abbia	offerto	avesse	offerto
offriamo	offrissimo	abbiamo	offerto	avessimo	offerto
offriate	offriste	abbiate	offerto	aveste	offerto
offrano	offrissero	abbiano	offerto	avessero	offerto

Condizionale

Presente	Passato	
offrirei	avrei	offerto
offriresti	avresti	offerto
offrirebbe	avrebbe	offerto
offriremmo	avremmo	offerto
offrireste	avreste	offerto
offrirebbero	avrebbero	offerto

Imperativo

—	
(tu)	offri
(Lei)	offra
(noi)	offriamo
(voi)	offrite
(loro)	offrano

Gerundio

Presente	Passato
offrendo	avendo offerto

Infinito

Passato

avere offerto

Participio

Passato

offerto

Beispiele und Wendungen

Le posso offrire qualcosa da bere?
Kann ich Ihnen etwas zu Trinken anbieten?

Il direttore mi ha offerto un posto molto interessante.
Der Direktor hat mir eine sehr interessante Stelle angeboten.

offrire qc	*etw. (an)bieten*
offrire qc a qu	*jdm. etw. anbieten*
offrirsi di fare qc	*sich anbieten, etw. zu tun*

Weitere Verben

soffrire

soffrire di	*leiden an*
Mario soffre di asma.	*Mario leidet an Asthma.*

Besonderheiten

Im Passato remoto sind in der 1. und 3. Person Singular und 3. Person Plural folgende Doppelformen möglich: offrii / offersi - offrì / offerse - offrirono / offersero.
Die regelmäßigen Formen offrii - offrì - offrirono sind jedoch geläufiger.

Tipp

Merken Sie sich: Wenn Sie eine(n) Italiener(in) im Restaurant oder in der Bar zu etwas einladen und die Rechnung übernehmen möchten, sagen Sie einfach:

Stasera offro io.	*Heute Abend zahle ich/ übernehme ich die Rechnung.*

Eigene Notizen:

109 riempire

auffüllen

Indicativo

Presente	Passato prossimo		Imperfetto	Trapassato prossimo	
riempio	ho	riempito	riempivo	avevo	riempito
riempi	hai	riempito	riempivi	avevi	riempito
riempie	ha	riempito	riempiva	aveva	riempito
riempiamo	abbiamo	riempito	riempivamo	avevamo	riempito
riempite	avete	riempito	riempivate	avevate	riempito
riempiono	hanno	riempito	riempivano	avevano	riempito

Passato remoto	Trapassato remoto		Futuro semplice	Futuro anteriore	
riempii	ebbi	riempito	riempirò	avrò	riempito
riempisti	avesti	riempito	riempirai	avrai	riempito
riempì	ebbe	riempito	riempirà	avrà	riempito
riempimmo	avemmo	riempito	riempiremo	avremo	riempito
riempiste	aveste	riempito	riempirete	avrete	riempito
riempirono	ebbero	riempito	riempiranno	avranno	riempito

Congiuntivo

Presente	Imperfetto	Passato		Trapassato	
riempia	riempissi	abbia	riempito	avessi	riempito
riempia	riempissi	abbia	riempito	avessi	riempito
riempia	riempisse	abbia	riempito	avesse	riempito
riempiamo	riempissimo	abbiamo	riempito	avessimo	riempito
riempiate	riempiste	abbiate	riempito	aveste	riempito
riempiano	riempissero	abbiano	riempito	avessero	riempito

Condizionale

Presente	Passato	
riempirei	avrei	riempito
riempiresti	avresti	riempito
riempirebbe	avrebbe	riempito
riempiremmo	avremmo	riempito
riempireste	avreste	riempito
riempirebbero	avrebbero	riempito

Imperativo

—	
(tu)	riempi
(Lei)	riempia
(noi)	riempiamo
(voi)	riempite
(loro)	riempiano

Gerundio

Presente	Passato
riempiendo	avendo riempito

Infinito

Passato

avere riempito

Participio

Passato

riempito

Beispiele und Wendungen

La presenza dei miei amici mi riempie di gioia.
Die Anwesenheit meiner Freunde erfüllt mich mit Freude.

Ho dovuto riempire questo modulo per la domanda.
Ich musste dieses Formular für den Antrag ausfüllen.

riempire qc	*etw. (aus)füllen*
riempire il bicchiere	*das Glas füllen*
riempire qc di qc	*etw. mit etw. (auf)füllen*
riempire qu di qc	*jdn. mit etw. überhäufen / überschütten*
riempirsi	*sich füllen*

Weitere Verben

adempire – empire

adempire qc	*etw. erfüllen*
empire qc	*etw. (auf)füllen*
empirsi di qc	*sich mit etw. voll stopfen*

Besonderheiten

Beachten Sie die Formen, in denen ein zusätzliches -i- eingeschoben wird: riemp**i**o, riemp**i**e, riemp**i**ono, riemp**i**a, riemp**i**ano. Dies betrifft auch das Gerundium im Präsens: riemp**i**endo.

Tipp

Konjugieren Sie das Verb laut und achten Sie bei den unregelmäßigen Formen darauf, dass das -i- hörbar ist.

Eigene Notizen:

110 salire

-l- wird -lg-

(hinauf)steigen

Indicativo

Presente	Passato prossimo	
salgo	sono	salito
sali	sei	salito
sale	è	salito
saliamo	siamo	saliti
salite	siete	saliti
salgono	sono	saliti

Imperfetto	Trapassato prossimo	
salivo	ero	salito
salivi	eri	salito
saliva	era	salito
salivamo	eravamo	saliti
salivate	eravate	saliti
salivano	erano	saliti

Passato remoto	Trapassato remoto	
salii	fui	salito
salisti	fosti	salito
salì	fu	salito
salimmo	fummo	saliti
saliste	foste	saliti
salirono	furono	saliti

Futuro semplice	Futuro anteriore	
salirò	sarò	salito
salirai	sarai	salito
salirà	sarà	salito
saliremo	saremo	saliti
salirete	sarete	saliti
saliranno	saranno	saliti

Congiuntivo

Presente	Imperfetto
salga	salissi
salga	salissi
salga	salisse
saliamo	salissimo
saliate	saliste
salgano	salissero

Passato		Trapassato	
sia	salito	fossi	salito
sia	salito	fossi	salito
sia	salito	fosse	salito
siamo	saliti	fossimo	saliti
siate	saliti	foste	saliti
siano	saliti	fossero	saliti

Condizionale

Presente	Passato	
salirei	sarei	salito
saliresti	saresti	salito
salirebbe	sarebbe	salito
saliremmo	saremmo	saliti
salireste	sareste	saliti
salirebbero	sarebbero	saliti

Imperativo

—	
(tu)	sali
(Lei)	salga
(noi)	saliamo
(voi)	salite
(loro)	salgano

Gerundio

Presente	Passato
salendo	essendo salito

Infinito

Passato

essere salito

Participio

Passato

salito

Beispiele und Wendungen

Rodolfo sale sul tetto per riparare l'antenna.
Rodolfo steigt auf das Dach, um die Antenne zu reparieren.

Il prezzo della benzina è di nuovo salito.
Der Benzinpreis ist schon wieder gestiegen.

salire le scale / il monte	*die Treppen / den Berg hinaufsteigen*
salire con l'ascensore	*den Aufzug nehmen*
salire sul treno / tram	*in den Zug / in die Straßenbahn einsteigen*

Weitere Verben

assalire - risalire

assalire qu	*jdn. angreifen*
risalire	*wieder hinaufsteigen*

Besonderheiten

-l- → -lg- (z. B. sal**g**o, sal**g**ono)
Die zusammengesetzen Zeiten können mit den Hilfsverben avere und essere gebildet werden: z. B.

Ho salito il Vesuvio.	*Ich habe den Vesuv bestiegen.* (mit direktem Objekt)
Sono salito sul treno.	*Ich bin in den Zug eingestiegen.* (ohne direktes Objekt)

Tipp

Lernen Sie salire zusammen mit rimanere, spegnere, tenere, valere und venire, da diese Verben im Präsens dieselbe Unregelmäßigkeit aufweisen:
sal**g**o - riman**g**o - spen**g**o - ten**g**o - val**g**o - ven**g**o
sal**g**ono - riman**g**ono - spen**g**ono - ten**g**ono - val**g**ono - ven**g**ono

Eigene Notizen:

111 udire

hören

betontes -u- wird -o-

Indicativo

Presente	Passato prossimo	
odo	ho	udito
odi	hai	udito
ode	ha	udito
udiamo	abbiamo	udito
udite	avete	udito
odono	hanno	udito

Imperfetto	Trapassato prossimo	
udivo	avevo	udito
udivi	avevi	udito
udiva	aveva	udito
udivamo	avevamo	udito
udivate	avevate	udito
udivano	avevano	udito

Passato remoto	Trapassato remoto	
udii	ebbi	udito
udisti	avesti	udito
udì	ebbe	udito
udimmo	avemmo	udito
udiste	aveste	udito
udirono	ebbero	udito

Futuro semplice	Futuro anteriore	
ud(i)rò	avrò	udito
ud(i)rai	avrai	udito
ud(i)rà	avrà	udito
ud(i)remo	avremo	udito
ud(i)rete	avrete	udito
ud(i)ranno	avranno	udito

Congiuntivo

Presente
oda
oda
oda
udiamo
udiate
odano

Imperfetto
udissi
udissi
udisse
udissimo
udiste
udissero

Passato	
abbia	udito
abbia	udito
abbia	udito
abbiamo	udito
abbiate	udito
abbiano	udito

Trapassato	
avessi	udito
avessi	udito
avesse	udito
avessimo	udito
aveste	udito
avessero	udito

Condizionale

Presente
ud(i)rei
ud(i)resti
ud(i)rebbe
ud(i)remmo
ud(i)reste
ud(i)rebbero

Passato	
avrei	udito
avresti	udito
avrebbe	udito
avremmo	udito
avreste	udito
avrebbero	udito

Imperativo

—	
(tu)	odi
(Lei)	oda
(noi)	udiamo
(voi)	udite
(loro)	odano

Gerundio

Presente	Passato
udendo	avendo udito

Infinito

Passato
avere udito

Participio

Passato
udito

Beispiele und Wendungen

Nel buio ho udito un grido.
Im Dunkeln habe ich einen Schrei gehört.

Hai udito la notizia?
Hast du die Nachricht erfahren?

udire qu / qc	*jdn. / etw. hören*
udire qc	*etw. erfahren*
udire un consiglio	*auf einen Rat hören*

Besonderheiten

-u- wird o-
Bei den Formen mit o- im Wortanlaut fällt die Betonung auf die erste Silbe:
ọdo, ọdi, ọde, ọdono, ọda, ọdano.

Tipp

Udire ist auf *hören* im Sinne von *wahrnehmen mit dem Gehör* beschränkt und wird im gesprochenen Italienisch meistens durch sentire ersetzt. Sentire kann neben *hören* noch weitere Wahrnehmungen ausdrücken. Dazu zählen *riechen, schmecken* und *fühlen.*

Merken Sie sich auch die aus udire abgeleiteten Begriffe:

l'udito	*Gehör, Hörsinn*
essere duro d'udito	*schwerhörig sein*
l'udienza	*Audienz*
l'uditore / l'uditrice	*Zuhörer / -in*
l'uditorio	*Zuhörerschaft, Auditorium*

Eigene Notizen:

ausgehen

betontes -u- wird -e-

Indicativo

Presente	Passato prossimo	
esco	sono	uscito
esci	sei	uscito
esce	è	uscito
usciamo	siamo	usciti
uscite	siete	usciti
escono	sono	usciti

Imperfetto	Trapassato prossimo	
uscivo	ero	uscito
uscivi	eri	uscito
usciva	era	uscito
uscivamo	eravamo	usciti
uscivate	eravate	usciti
uscivano	erano	usciti

Passato remoto	Trapassato remoto	
uscii	fui	uscito
uscisti	fosti	uscito
uscì	fu	uscito
uscimmo	fummo	usciti
usciste	foste	usciti
uscirono	furono	usciti

Futuro semplice	Futuro anteriore	
uscirò	sarò	uscito
uscirai	sarai	uscito
uscirà	sarà	uscito
usciremo	saremo	usciti
uscirete	sarete	usciti
usciranno	saranno	usciti

Congiuntivo

Presente	Imperfetto
esca	uscissi
esca	uscissi
esca	uscisse
usciamo	uscissimo
usciate	usciste
escano	uscissero

Passato		Trapassato	
sia	uscito	fossi	uscito
sia	uscito	fossi	uscito
sia	uscito	fosse	uscito
siamo	usciti	fossimo	usciti
siate	usciti	foste	usciti
siano	usciti	fossero	usciti

Condizionale

Presente	Passato	
uscirei	sarei	uscito
usciresti	saresti	uscito
uscirebbe	sarebbe	uscito
usciremmo	saremmo	usciti
uscireste	sareste	usciti
uscirebbero	sarebbero	usciti

Imperativo

—	
(tu)	esci
(Lei)	esca
(noi)	usciamo
(voi)	uscite
(loro)	escano

Gerundio

Presente	Passato
uscendo	essendo uscito

Infinito

Passato

essere uscito

Participio

Passato

uscito

Beispiele und Wendungen

Daniele esce con i suoi amici verso le otto.
Daniele geht gegen acht Uhr mit seinen Freunden aus.

Il giornale non è uscito oggi.
Die Zeitung ist heute nicht erschienen.

uscire con qu	*mit jdm. ausgehen*
uscire a fare qc	*hinausgehen, um etw. zu tun*
uscire in bicicletta / macchina	*mit dem Fahrrad / Auto wegfahren*
uscire a piedi	*zu Fuß weggehen*
uscirne bene / male	*gut / schlecht davonkommen*

Weitere Verben

fuoriuscire – riuscire

fuoriuscire da qc	*aus etw. entweichen / strömen*
Non ci riesco!	*Ich schaffe es nicht!*

Besonderheiten

u- wird e-
Bei den Formen mit e- im Wortanlaut fällt die Betonung auf die erste Silbe:
ẹsco, ẹsci, ẹsce, ẹscono, ẹsca, ẹscano.

Tipp

Auf italienischen Autobahnen begegnet dem Reisenden häufig das Schild mit der Aufschrift uscita *Ausfahrt*. In öffentlichen Einrichtungen zeigt Ihnen der Hinweis uscita, wo sich der *Ausgang* befindet.

Eigene Notizen:

113 venire

kommen

Indicativo

Presente	Passato prossimo		Imperfetto	Trapassato prossimo	
vengo	sono	venuto	venivo	ero	venuto
vieni	sei	venuto	venivi	eri	venuto
viene	è	venuto	veniva	era	venuto
veniamo	siamo	venuti	venivamo	eravamo	venuti
venite	siete	venuti	venivate	eravate	venuti
vengono	sono	venuti	venivano	erano	venuti

Passato remoto	Trapassato remoto		Futuro semplice	Futuro anteriore	
venni	fui	venuto	verrò	sarò	venuto
venisti	fosti	venuto	verrai	sarai	venuto
venne	fu	venuto	verrà	sarà	venuto
venimmo	fummo	venuti	verremo	saremo	venuti
veniste	foste	venuti	verrete	sarete	venuti
vennero	furono	venuti	verranno	saranno	venuti

Congiuntivo

Presente	Imperfetto	Passato		Trapassato	
venga	venissi	sia	venuto	fossi	venuto
venga	venissi	sia	venuto	fossi	venuto
venga	venisse	sia	venuto	fosse	venuto
veniamo	venissimo	siamo	venuti	fossimo	venuti
veniate	veniste	siate	venuti	foste	venuti
vengano	venissero	siano	venuti	fossero	venuti

Condizionale

Presente	Passato	
verrei	sarei	venuto
verresti	saresti	venuto
verrebbe	sarebbe	venuto
verremmo	saremmo	venuti
verreste	sareste	venuti
verrebbero	sarebbero	venuti

Imperativo

—	
(tu)	vieni
(Lei)	venga
(noi)	veniamo
(voi)	venite
(loro)	vengano

Gerundio

Presente	Passato
venendo	essendo venuto

Infinito

Passato

essere venuto

Participio

Passato

venuto

Beispiele und Wendungen

A che ora vengono i tuoi genitori?
Um wie viel Uhr kommen deine Eltern?

venire da Cagliari	*aus Cagliari kommen*
Quanto viene il libro?	*Wie viel kostet das Buch?*
Mi viene da piangere.	*Ich muss weinen.*
venire a trovare qu	*jdn. besuchen (kommen)*
venire alla luce	*auf die Welt kommen*
Non mi viene in mente.	*Es fällt mir nicht ein.*

Weitere Verben

avvenire - convenire - divenire - intervenire - prevenire - svenire

avvenire	*geschehen, sich ereignen*
prevenire qu	*jdm. zuvorkommen*
svenire	*ohnmächtig werden*

Besonderheiten

Im Futur und Konditional Präsens ist der Verbstamm verkürzt (vgl. verrò ↔ prend**e**rò, verrei ↔ prend**e**rei).
Das Verb venire wird auch zur Bildung des Vorgangspassivs verwendet. (siehe Nr. 115)

Tipp

Lernen Sie venire zusammen mit rimanere, salire, spegnere, tenere, und valere, da alle Verben im Präsens dieselbe Unregelmäßigkeit aufweisen:
ven**g**o- riman**g**o - sal**g**o - spen**g**o - ten**g**o - val**g**o
ven**g**ono - riman**g**ono - sal**g**ono- spen**g**ono - ten**g**ono - val**g**ono

Eigene Notizen:

114 **essere preparato**   Zustandspassiv

vorbereitet sein

Indicativo

Presente

sono	preparato
sei	preparato
è	preparato
siamo	preparati
siete	preparati
sono	preparati

Passato prossimo

sono	stato	preparato
sei	stato	preparato
è	stato	preparato
siamo	stati	preparati
siete	stati	preparati
sono	stati	preparati

Imperfetto

ero	preparato
eri	preparato
era	preparato
eravamo	preparati
eravate	preparati
ẹrano	preparati

Trapassato prossimo

ero	stato	preparato
eri	stato	preparato
era	stato	preparato
eravamo	stati	preparati
eravate	stati	preparati
ẹrano	stati	preparati

Passato remoto

fui	preparato
fosti	preparato
fu	preparato
fummo	preparati
foste	preparati
fụrono	preparati

Trapassato remoto

fui	stato	preparato
fosti	stato	preparato
fu	stato	preparato
fummo	stati	preparati
foste	stati	preparati
fụrono	stati	preparati

Futuro semplice

sarò	preparato
sarai	preparato
sarà	preparato
saremo	preparati
sarete	preparati
saranno	preparati

Futuro anteriore

sarò	stato	preparato
sarai	stato	preparato
sarà	stato	preparato
saremo	stati	preparati
sarete	stati	preparati
saranno	stati	preparati

Congiuntivo

Presente

sia	preparato
sia	preparato
sia	preparato
siamo	preparati
siate	preparati
sịano	preparati

Imperfetto

fossi	preparato
fossi	preparato
fosse	preparato
fọssimo	preparati
foste	preparati
fọssero	preparati

Passato

sia	stato	preparato
sia	stato	preparato
sia	stato	preparato
siamo	stati	preparati
siate	stati	preparati
sịano	stati	preparati

Trapassato

fossi	stato	preparato
fossi	stato	preparato
fosse	stato	preparato
fọssimo	stati	preparati
foste	stati	preparati
fọssero	stati	preparati

Condizionale

Presente

sarei	preparato
saresti	preparato
sarebbe	preparato
saremmo	preparati
sareste	preparati
sarẹbbero	preparati

Passato

sarei	stato	preparato
saresti	stato	preparato
sarebbe	stato	preparato
saremmo	stati	preparati
sareste	stati	preparati
sarẹbbero	stati	preparati

Imperativo

—		
(tu)	sii	preparato
(Lei)	sia	preparato
(noi)	siamo	preparati
(voi)	siate	preparati
(loro)	sịano	preparati

Gerundio

Presente

essendo preparato

Passato

essendo stato preparato

Infinito

Passato

essere stato preparato

Participio

Passato

stato preparato

Beispiele und Wendungen

La cena è preparata.
Das Abendessen ist zubereitet.

Il viaggio è stato preparato.
Die Reise ist vorbereitet worden.

Besonderheiten

Das Zustandspassiv wird mit essere + Partizip Perfekt gebildet und drückt in der Regel einen Zustand aus, d.h. es steht nicht die Handlung im Vordergrund, sondern deren Ergebnis.

Dabei richtet sich das Partizip in Genus und Numerus nach dem Subjekt:

Il cellulare è spento.	*Das Handy ist ausgeschaltet.*
La radio è spenta.	*Das Radio ist ausgeschaltet.*
I libri sono letti.	*Die Bücher sind gelesen.*
Le lettere sono lette.	*Die Briefe sind gelesen.*

Es kann auch in den zusammengesetzten Zeiten gebildet werden:

Il cellulare è stato spento.	*Das Handy ist ausgeschaltet worden.*
La radio è stata spenta.	*Das Radio ist ausgeschaltet worden.*
I libri sono stati letti.	*Die Bücher sind gelesen worden.*
Le lettere sono state lette.	*Die Briefe sind gelesen worden.*

Tipp

Bilden Sie Sätze nach dem oben angegeben Muster. Gehen Sie dabei alle Varianten durch (maskulin, feminin, Singular, Plural) und achten Sie stets auf die Endungen. Sie können dabei auf ganz alltägliche Dinge zurückgreifen: z. B. la lettera è scritta, il caffè è bevuto, i pantaloni sono lavati etc.

Eigene Notizen:

venire preparato

Vorgangspassiv

vorbereitet werden

Indicativo

Presente

vengo	preparato
vieni	preparato
viene	preparato
veniamo	preparati
venite	preparati
vengono	preparati

Passato prossimo

—
—
—
—
—
—

Imperfetto

venivo	preparato
venivi	preparato
veniva	preparato
venivamo	preparati
venivate	preparati
venivano	preparati

Trapassato prossimo

—
—
—
—
—
—

Passato remoto

venni	preparato
venisti	preparato
venne	preparato
venimmo	preparati
veniste	preparati
vennero	preparati

Trapassato remoto

—
—
—
—
—
—

Futuro semplice

verrò	preparato
verrai	preparato
verrà	preparato
verremo	preparati
verrete	preparati
verranno	preparati

Futuro anteriore

—
—
—
—
—
—

Congiuntivo

Presente

venga	preparato
venga	preparato
venga	preparato
veniamo	preparati
veniate	preparati
vengano	preparati

Imperfetto

venissi	preparato
venissi	preparato
venisse	preparato
venissimo	preparati
veniste	preparati
venissero	preparati

Passato

—
—
—
—
—
—

Trapassato

—
—
—
—
—
—

Condizionale

Presente

verrei	preparato
verresti	preparato
verrebbe	preparato
verremmo	preparati
verreste	preparati
verrebbero	preparati

Passato

—
—
—
—
—
—

Imperativo

—

(tu)	vieni	preparato
(Lei)	venga	preparato
(noi)	veniamo	preparati
(voi)	venite	preparati
(loro)	vengano	preparati

Gerundio

Presente

venendo preparato

Passato

—

Infinito

Passato

—

Participio

Passato

—

Beispiele und Wendungen

Il discorso viene preparato.
Die Rede wird vorbereitet.

La lezione veniva preparata.
Der Unterricht wurde vorbereitet.

Besonderheiten

Das Vorgangspassiv wird mit venire + Partizip Perfekt gebildet und drückt einen Vorgang aus, etwas wird gerade von jemandem getan.
Das Partizip richtet sich in Genus und Numerus nach dem Subjekt:

Il lavoro verrà fatto.	*Die Arbeit wird gemacht werden.*
La stanza viene pulita.	*Das Zimmer wird geputzt.*
Gli amici vengono chiamati.	*Die Freunde werden angerufen.*
Le case venivano costruite.	*Die Häuser wurden gebaut.*

Tipp

Bilden Sie Sätze nach dem oben angegeben Muster. Gehen Sie dabei alle Varianten durch (maskulin, feminin, Singular, Plural) und achten Sie stets auf die Endungen. Sie können dabei auf ganz alltägliche Dinge zurückgreifen: z. B. il pranzo viene fatto, la porta viene chiusa, i compiti vengono fatti etc.

Beachten Sie den Unterschied zwischen Zustands- und Vorgangspassiv:
Essere + Partizip wird meist benutzt, um einen Zustand auszudrücken, während die Konstruktion venire + Partizip benutzt wird, um einen Vorgang auszudrücken, z. B.:

La porta è chiusa.	*Die Tür ist geschlossen / ist zu. (Zustand)*
La porta viene chiusa.	*Die Tür wird geschlossen. (Vorgang)*

Eigene Notizen:

116 lavarsi

sich waschen

Indicativo

Presente		Passato prossimo		
mi	lavo	mi	sono	lavato
ti	lavi	ti	sei	lavato
si	lava	si	è	lavato
ci	laviamo	ci	siamo	lavati
vi	lavate	vi	siete	lavati
si	lavano	si	sono	lavati

Imperfetto		Trapassato prossimo		
mi	lavavo	mi	ero	lavato
ti	lavavi	ti	eri	lavato
si	lavava	si	era	lavato
ci	lavavamo	ci	eravamo	lavati
vi	lavavate	vi	eravate	lavati
si	lavavano	si	erano	lavati

Passato remoto		Trapassato remoto		
mi	lavai	mi	fui	lavato
ti	lavasti	ti	fosti	lavato
si	lavò	si	fu	lavato
ci	lavammo	ci	fummo	lavati
vi	lavaste	vi	foste	lavati
si	lavarono	si	furono	lavati

Futuro semplice		Futuro anteriore		
mi	laverò	mi	sarò	lavato
ti	laverai	ti	sarai	lavato
si	laverà	si	sarà	lavato
ci	laveremo	ci	saremo	lavati
vi	laverete	vi	sarete	lavati
si	laveranno	si	saranno	lavati

Congiuntivo

Presente	
mi	lavi
ti	lavi
si	lavi
ci	laviamo
vi	laviate
si	lavino

Imperfetto	
mi	lavassi
ti	lavassi
si	lavasse
ci	lavassimo
vi	lavaste
si	lavassero

Passato		
mi	sia	lavato
ti	sia	lavato
si	sia	lavato
ci	siamo	lavati
vi	siate	lavati
si	siano	lavati

Trapassato		
mi	fossi	lavato
ti	fossi	lavato
si	fosse	lavato
ci	fossimo	lavati
vi	foste	lavati
si	fossero	lavati

Condizionale

Presente	
mi	laverei
ti	laveresti
si	laverebbe
ci	laveremmo
vi	lavereste
si	laverebbero

Passato		
mi	sarei	lavato
ti	saresti	lavato
si	sarebbe	lavato
ci	saremmo	lavati
vi	sareste	lavati
si	sarebbero	lavati

Imperativo

—	
(tu)	lavati
(Lei)	si lavi
(noi)	laviamoci
(voi)	lavatevi
(loro)	si lavino

Gerundio

Presente

lavandosi

Passato

essendosi lavato

Infinito

Passato

essersi lavato

Participio

Passato

lavatosi

Beispiele und Wendungen

Mi lavo con l'acqua fredda.
Ich wasche mich mit kaltem Wasser.

lavarsi con qc	*sich mit etw. waschen*
lavarsi le mani / la faccia	*sich die Hände / das Gesicht waschen*
lavarsi i denti	*sich die Zähne putzen*

Besonderheiten

Reflexive Verben werden in den zusammengesetzten Zeiten in der Regel mit essere konjugiert.
Das Partizip Perfekt muss dem Subjekt in Genus und Numerus angeglichen werden:

Mi sono lavato / a.	*Ich habe mich gewaschen.*
I ragazzi si sono lavati.	*Die Jungen haben sich gewaschen.*

Wenn das reflexive Verb in Verbindung mit einem Modalverb (dovere, potere, volere) steht, gibt es zwei Möglichkeiten:
Das Reflexivpronomen steht vor dem Hilvsverb → Bildung mit essere:
Lucia si è voluta lavare. — *Lucia wollte sich waschen.*
Das Reflexivpronomen wird an den Infinitiv gehängt → Bildung mit avere:
Lucia ha voluto lavarsi. — *Lucia wollte sich waschen.*

Tipp

Üben Sie doch die reflexiven Verben indem Sie beispielsweise Ihre morgendlichen Aktivitäten durchgehen. Sie werden sehen, dass Sie dabei auf einige dieser Verben stoßen werden: z. B. svegliarsi *aufwachen*, alzarsi *aufstehen*, vestirsi *sich anziehen*, lavarsi *sich waschen*, pettinarsi *sich kämmen*, farsi la barba *sich rasieren*, truccarsi *sich schminken*. Schreiben Sie doch mal Ihren Tagesablauf auf: Mi sono svegliato / a, mi sono alzato / a...

Eigene Notizen:

Präpositionen der häufigsten Verben

Dem Italienischlernenden kann der Gebrauch der richtigen Präposition nach einem Verb ob mit oder ohne Infinitiv Schwierigkeiten bereiten. Die folgende Auswahl berücksichtigt daher vor allem Verben, die im Italienischen eine andere Präposition führen als im Deutschen.

Verwendete Abkürzungen:
qc = qualcosa (etwas), qu = qualcuno (jemand / jemanden / jemandem)
etw. = etwas, jd = jemand, jdm = jemandem, jdn = jemanden

abusare **di** qc / qu *etw. / jdn missbrauchen*	Abusare dell'alcool può essere molto pericoloso.
accontentarsi **di** qc *sich mit etw. zufrieden geben*	Mi accontento di starti vicino.
accorgersi **di** qc *etw. (be)merken*	Sua madre si accorge di tutto.
accusare qu **di** qc *jdn einer Sache beschuldigen*	Quell'uomo è stato accusato di furto.
adattarsi **a** fare qc *sich (damit) abfinden, etw. zu tun*	Giulia si è dovuta adattare a vivere al piano terra.
aiutare qu **a** fare qc *jdm helfen, etw. zu tun*	Se vuoi, ti aiuto a preparare le valige.
andare **a** fare qc *etw. tun gehen*	Vado a fare la spesa.
approffittare **di** qc / qu *von etw. / jdm profitieren*	Se non ti dispiace, approffitto della tua gentilezza.
aprofittare **di** qc *etw. (aus)nutzen*	Oliver approfitta dell'assenza dei suoi genitori per fare grandi feste.
arrabbiarsi **con** qu **per** qc *sich über jdn wegen etw. ärgern*	Mi sono arrabbiata con Sandro per il suo disordine.
ascoltare qu / qc *jdm / einer Sache zuhören*	Ogni sera a mezzanotte ascolto le notizie in italiano.
aspettare qu / qc *auf jdn / etw. warten*	Li ho aspettati fino alle 10 e poi me ne sono andata.
aspettare **di** fare qc *(darauf) warten, etw. zu tun*	Aspetto di andare in pensione e poi faccio il giro del mondo.
assistere **a** qc *einer Sache beiwohnen, an etw. teilnehmen*	Ho assistito anch'io all'ultimo concerto di Luciano Pavarotti.
assistere qu *jdm beistehen / helfen*	Quando mio padre era malato l'ho assistito io.
astenersi **da** qc *sich einer Sache enthalten*	Qualcuno si è astenuto dalle votazioni.

attenersi **a** qc *sich an etw. halten*	Per favore attenetevi alle istruzioni!
augurare qc **a** qu *jdm etw. wünschen*	Ti auguro delle belle vacanze.
augurare **a** qu **di** fare qc jdm wünschen, etw. zu tun	Ti auguro di fare belle vacanze.
augurarsi **di** fare qc *sich wünschen, etw. zu tun*	Mi auguro di rivederti presto.
basarsi **su** qc *sich auf etw. stützen*	Spesso è utile basarsi sul proprio intuito.
cedere **a** qu / qc *jdm / einer Sache nachgeben*	Ho dovuto cedere alla sua insistenza.
cercare **di** fare qc *versuchen, etw. zu tun*	Cercava di aiutarlo, ma lui non voleva.
chiedere qc **a** qu *jdn um etw. bitten*	Giusi mi ha chiesto la macchina per sabato.
chiedere **di** qu *nach jdm fragen*	Adam ha chiesto di te.
chiedere **a** qu **di** fare qc *jdn bitten, etw. zu tun*	Giusi mi ha chiesto di prestarle la macchina.
cominciare / ricominciare **da** qc *bei etw. anfangen*	„Ricomincio da 3" è il primo film di Massimo Troisi.
cominciare **a** fare qc *beginnen, etw. zu tun*	Piano piano, comincio a capire come sei fatto.
commerciare **in** qc *mit etw. handeln*	Il signor Tommasini commercia in stoffe e pellami.
comporsi **di** qc *aus etw. bestehen*	La commissione di esame si compone di 5 membri.
confessare qc **a** qu *jdm etw. gestehen*	Ti confesso la mia ignoranza.
confessare **a** qu **di** fare qc *jdm gestehen, etw. zu tun*	Ti confesso di non capire niente.
confidarsi **con** qu *sich jdm anvertrauen*	Quando ho problemi mi confido sempre con la mia amica Gloria.
congratularsi **con** qu **di** / **per** qc *jdm zu etw. gratulieren*	Mi congratulo con te per i tuoi bellissimi voti.
consigliare qc **a** qu *jdm etw. empfehlen*	Le consiglio gli gnocchi alla salvia.
consigliare **a** qu **di** fare qc *jdm raten, etw. zu tun*	Le consiglio di provare questi gnocchi.
consistere **di** qc *aus etw. bestehen*	La casa consiste di tre stanze.
consistere **in** qc *in / aus etw. bestehen*	In che cosa consiste la differenza?

continuare **a** fare qc *weiterhin etw. tun*	Paolo continua a dirmi che mi ama, ma io non ci credo.
contribuire **a** qc *zu etw. beitragen*	Contribuiamo anche noi alla salvaguardia dell'ambiente!
convincere qu **di** qc *jdn von etw. überzeugen*	L'ho convinto della mia innocenza.
convincere qu **a** fare qc *jdn überreden, etw. zu tun*	Mi ha convinto a partire con lui.
costringere qu **a** fare qc *jdn zwingen, etw. zu tun*	Non mi costringere a prendere provvedimenti.
credere **a** qu / qc *jdm / einer Sache glauben*	Credo ciecamente alla sua versione dei fatti.
credere **in** qu / qc *an jdn / etw. glauben*	Giovanni crede molto in Dio.
credere **di** avere fatto qc *glauben, etw. getan zu haben*	Credevo di avere capito tutto ma non era vero.
decidere **di** fare qc *beschließen, etw. zu tun*	Mimma ha deciso di diventare più ordinata.
dichiarare **di** fare qc *erklären, etw. zu tun*	L'accusato ha dichiarato di essere innocente.
dimenticare **di** fare qc *vergessen, etw. zu tun*	Ho dimenticato di telefonare a Francesca.
dire qc **a** qu *jdm etw. sagen*	Dimmi tutta la verità!
dire **a** qu **di** fare qc *jdn bitten, etw. zu tun*	Gli ho detto di non telefonarmi più.
discutere **di** / **su** qc *über etw. diskutieren*	Abbiamo discusso di politica tutta la notte.
disporre **di** qc / qu *über etw. / jdn verfügen*	Non disponevo di molti soldi quando ero studentessa.
distinguersi **da** qu / qc *sich von jdm / etw. unterscheiden*	La cucina francese si distingue dalle altre per la sua raffinatezza.
distinguersi **per** qc *sich in / durch etw. unterscheiden*	Monica si distingue sempre per la sua eleganza.
domandare **di** qu *nach jdm fragen*	Non domandare sempre di Alessandra, è partita per l'America.
domandare qc **a** qu *jdn um etw. bitten*	Domando la chiave a mia madre.
dubitare **di** qu / qc *an jdm / etw. zweifeln*	Gianni dubita sempre di sè stesso e delle sue capacità.
evitare **di** fare qc *vermeiden, etw. zu tun*	Evitiamo di fare tardi stasera, se è possibile!

fidarsi **di** qu *jdm vertrauen*	Mi fido ciecamente di Giuliano.
fingere **di** fare qc *so tun, als ob*	Fingeva di non capire ma si vedeva che non era vero.
finire **di** fare qc *aufhören, etw. zu tun*	Quando ho finito di studiare vado in Brasile.
fondarsi **su** qc *sich auf etw. stützen*	Ciò si fonda sul fatto che non tutti hanno capito quello che ho detto.
fregarsene **di** qu / qc *auf jdn / etw. pfeifen*	Non me ne frega niente della sua situazione.
giurare **di** fare qc *schwören, etw. zu tun*	L'accusato ha giurato di essere innocente.
guardarsi **da** qu / qc *sich vor jdm / etw. hüten*	Ragazzi, guardatevi dalle cattive compagnie!
illudersi **di** essere qc *sich vormachen, etw. zu sein*	Si illudeva di essere il più bravo.
imparare qc **da** qu *etw. von jdm lernen*	Ho imparato l'ungherese da un mio amico.
imparare **a** fare qc *etw. zu tun lernen*	Devi imparare ad ascoltare prima di parlare.
impedire **a** qu **di** fare qc *jdn (daran) hindern, etw. zu tun*	Mia madre mi ha impedito di venire alla tua festa.
incominciare **a** fare qc *beginnen, etw. zu tun*	Oggi incomincio a lavorare nella ditta di mio padre.
incoraggiare qu **a** fare qc *jdn ermutigen, etw. zu tun*	Roberta incoraggiava sempre sua figlia a studiare di più.
informarsi **su** / **di** qc / qu *sich über etw. / jdn informieren*	Dopo mi informo sugli orarai dei treni per Udine.
insegnare qc **a** qu *jdn etw. lehren*	Insegno l'italiano ai tedeschi dal 1978.
insegnare **a** qu **a** fare qc *jdm beibringen, etw. zu tun*	Se vuoi, ti insegno a usare il computer.
insistere **su** qc *auf etw. bestehen*	Insisto ancora una volta sulle mie proposte.
intendersi **di** qc *sich in etw. auskennen*	Mi intendo molto di fotografia.
interessarsi **di** qu / qc *sich für jdn / etw. interessieren*	Mi interesso molto di letteratura.
innamorarsi **di** qu / qc *sich in jdn / etw. verlieben*	Mi sono innamorata di Raffaele e soprattutto della sua sincerità.
invitare qu **a** qc *jdn zu etw. einladen*	Il 14 luglio vorrei invitarti alla mia festa di compleanno.
invitare qu **a** fare qc *jdn bitten, etw. zu tun*	Ti invito a parlare più lentamente.

iscriversi **a** qc *sich bei etw. anmelden*	Mi sono iscritta all'Università di Venezia.
lamentarsi **di** qc / qu *sich über etw. / jdn beklagen*	Gianna si lamenta sempre del suo lavoro.
limitarsi **a** qc *sich auf etw. beschränken*	Dovremmo limitarci all'essenziale.
limitarsi **a** fare qc *sich (darauf) beschränken, etw. zu tun*	Mi limiterò a dire ...
meritare **di** fare qc *verdienen, etw. zu tun*	Sandro non merita di essere trattato così male.
mettersi **a** fare qc *beginnen, etw. zu tun*	Domani mi metto a studiare per l'esame di francese.
occuparsi **di** qu / qc *sich um jdn / etw. kümmern*	Mi occupo di linguistica.
parlare **con** qu **di** qc / qu *mit jdm über etw. / jdn sprechen*	Ieri ho parlato con Gloria del suo ragazzo.
partecipare **a** qc *an etw. teilnehmen*	L'Italia ha partecipato ai mondiali di calcio.
pensare **a** qu / qc *an jdn / etw. denken*	Penso spesso a Daniele e alle nostre vacanze in Sardegna.
pensare qc **di** qu / qc *etw. von jdm / etw. halten*	Che cosa pensi degli Italiani e della loro mentalità?
pensare **di** fare qc *vorhaben, etw. zu tun*	Quando pensi di partire?
perdonare qc **a** qu *jdm etw. verzeihen*	La signora Rossi perdona sempre i ritardi **a** suo marito.
perdonare qu **di** avere fatto qc *jdm verzeihen, etw. getan zu haben*	Va beh', ti perdono di avermi fatto aspettare così tanto.
pregare qu **di** fare qc *jdn bitten, etw. zu tun*	Ti prego di venire puntuale, stasera.
preoccuparsi **di** / **per** qu / qc *um jdn / etw. besorgt sein*	Non ti preoccupare per me, sto bene.
preoccuparsi **di** fare qc *sich bemühen, etw. zu tun*	Maurizio si preoccupa sempre di essere gentile.
prepararsi **a** qc *sich auf etw. vorbereiten*	Massimo si sta preparando alla visita di sua madre.
promettere qc **a** qu *jdm etw. versprechen*	Mi promette la luna e poi non succede mai niente.
promettere **di** fare qc *versprechen, etw. zu tun*	Ti prometto di non parlare più di Roberto.
proporsi **di** fare qc *sich vornehmen, etw. zu tun*	Mi propongo sempre di essere ordinata e poi...

proteggere qu / qc **da** qu / qc *jdn / etw. vor jdm / etw. schützen*	L'ombrello ci protegge dalla pioggia.
provare **a** fare qc *versuchen, etw. zu tun*	Provo a cercarlo sul lavoro.
provvedere **a** qc / qu *für etw. / jdn sorgen*	Non ti preoccupare, provvedo a tutto io!
raccontare qc **a** qu *jdm etw. erzählen*	Mimma mi ha raccontato che Flavia è già partita.
raccontare **di** qc / qu *von / über etw. / jdn erzählen*	Se vuoi ti racconto della mia infanzia in Italia.
rassegnarsi **a** fare qc *sich (damit) abfinden, etw. zu tun*	Gaia si è rassegnata a partire soltanto il 30 agosto.
reagire **a** qc / qu *auf etw. / jdn reagieren*	Devi reagire a questa situazione.
riconoscere qu / qc **da** qc *jdn / etw. an etw. erkennen*	L'ho riconosciuto dalla voce.
ricordare qc **a** qu *jdn an etw. erinnern*	Ti ricordo il tuo appuntamento con Daniel domani sera.
ricordarsi **di** qc *sich an etw. erinnern*	Mi devo assolutamente ricordare del compleanno di Paola.
ricordare / ricordarsi **di** fare qc *sich (daran) erinnern, etw. zu tun*	Mi devo ricordare di passare dal giornalaio.
riempire qc **di** qc *etw. mit etw. füllen*	Riempio la mia stanza di cose inutili.
rifiutare / rifiutarsi **di** fare qc *sich weigern, etw. zu tun*	Roberto si è rifiutato di aiutare sua moglie.
ringraziare qu **di** / **per** qc *jdn für etw. danken*	Ti ringrazio molto per la / della tua pazienza.
rinunciare **a** qc *auf etw. verzichten*	Quest'anno non voglio rinunciare alle vacanze in Italia.
rischiare **di** fare qc *riskieren, etw. zu tun*	Rischiamo di perdere l'aereo se non ci muoviamo.
rispondere **a** qu *jdm antworten*	Gli ho risposto di no.
rispondere **a** qc *etw. beantworten*	Rispondo sempre alle lettere che ricevo.
rispondere **di** qu / qc *für jdn / etw. bürgen*	Rispondo io dei miei figli.
ritornare **su** qc *auf etw. zurückkommen*	Se vuoi, ritorniamo sull'argomento.
sapere qc **di** qu / qc *etw. von jdm / etw. wissen*	Tutto quello che so di lui, è che è molto simpatico.
sapere qc **da** qu *etw. von jdm erfahren*	Ho saputo tutto da mio fratello.

sapere **di** qc *nach etw. schmecken*	Questa minestra sa di bruciato.
scusarsi **con** qu **di / per** qc *sich bei jdm für etw. entschuldigen*	Mimmo si è scusato con lei per non averla più chiamata.
servire qu *jdm dienen*	Perché servire sempre i potenti?
servire qc *etw. servieren*	Ada mi ha servito un tiramisù favoloso.
servire **a** qc *zu etw. dienen*	A che cosa mi serve questa cosa?
servire **da** qc *als etw. dienen*	Questo locale serve da magazzino.
servirsi **di** qc *etw. benutzen*	Quando posso mi servo sempre dei mezzi pubblici.
sognare (**di**) qu / qc *von jdm / etw. träumen*	Ho sognato (di) una spiaggia bellissima e (di) un ragazzo stupendo.
sognarsi **di** fare qc *sich einfallen lassen, etw. zu tun*	Non ti sognerai mica di uscire con questo tempo!?
sospettare qu **di** qc *jdn einer Sache verdächtigen*	La signora Bianchi sospetta suo marito di tradimento.
sospettare qc **in** qu *etw. bei jdm vermuten*	Non sospettavo tanta pazienza in lui.
sostituire qu / qc **a / con** qu / qc *jdn / etw. durch jdn / etw. ersetzen*	Bisogna sostituire la lampadina fulminata con una alogena.
telefonare **a** qu *mit jdm telefonieren, jdn anrufen*	Telefono a Renato e poi ti faccio sapere.
temere **di** fare qc *fürchten, etw. zu tun*	Temeva di arrivare troppo tardi.
tentare **di** fare qc *versuchen, etw. zu tun*	Ho tentato di imparare l'ungherese ma è una lingua molto difficile.
tradurre qc **da** qc *etw. aus etw. übersetzen*	Devo tradurre questo testo dall'inglese.
trattare / trattarsi **di** qc *von etw. handeln / sich um etw. handeln*	Qui si tratta di vita o di morte!
vantarsi **di** qc *sich einer Sache rühmen*	Lui si vanta sempre della sua bellezza.
vendicarsi **di** qc *sich für etw. rächen*	Giuseppe si è vendicato del torto subito.
vergognarsi **di** qu / qc *sich jds / einer Sache schämen*	Non ti vergognare mai delle tue origini.

Übungen zu den wichtigsten Verben

1 Schreiben Sie die **Präsensformen** der vorgegebenen Verben in die Lücken.

a. Il signor Rossi (parlare) ________________ con Chiara.

b. (vendere, noi) ________________ vini.

c. (conoscere, io) ________________ bene la Toscana.

d. Scusi, ma che cosa (intendere) ________________ ?

e. Ciao Franco, come (stare) ________________ ?

f. Laura, (essere) ________________ a casa.

g. (arrivare, io) ________________ domani.

2 Ergänzen Sie die zwei Tabellen mit den Konjugationsformen von **dormire** und **capire**. Sie erhalten so zwei Muster für die Verben auf **-ire**, mit und ohne Stammerweiterung. Beachten Sie dabei die übliche Reihenfolge, von der 1. Person Singular zur 3. Person Plural. Tipp: **dormire** konjugieren Sie wie **sentire**!

dormire	**capire**
dormo	____________
____________	____________
____________	capisce
____________	____________
dormite	____________
____________	____________

3 Schreiben Sie die konjugierte Präsensform von **potere** oder **dovere** auf die Linien. Achten Sie auf das vorgegebene Personalpronomen.

a. dovere, io ________________

b. potere, tu ________________

c. potere, lui ________________

d. dovere, noi ________________

e. potere, voi ________________

f. dovere, loro ________________

4 Ergänzen Sie die Sätze mit den Präsensformen von **venire**.

a. ______________ anche tu da Marco?

b. ______________ da Venezia, sono italiano.

c. Carla ______________ da noi alle quattro.

d. ______________ anche voi a teatro?

e. Allora, noi ______________ alle nove, va bene?

f. Franco e Paola ______________ qui alle sette.

5 Ergänzen Sie die Sätze mit den Präsensformen von **andare**.

a. Vittorio e Franco ______________ all'aeroporto.

b. Anna ______________ ad Amburgo.

c. Stai qui o ______________ a casa?

d. Adesso noi ______________ al bar, e voi?

e. Alle quattro io ______________ da Marta.

f. Ma voi ______________ a Bari domani?

6 Lesen Sie die Sätze und ergänzen Sie sie mit den fehlenden Formen des **Passato prossimo**.

a. Stamattina Laura (fare) ______________ colazione presto.

b. Oggi, dopo pranzo, (bere, io) ______________ un caffè.

c. Ieri non (leggere, noi) ______________ il giornale.

d. A che ora (finire, voi) ______________ di lavorare?

e. (telefonare, tu) ______________ a Manuela?

f. Dopo il lavoro, Sandro (preparare) ______________ la cena.

g. I Bianchi (vendere) ______________ la loro casa.

h. Ieri sera (guardare, io) ______________ un film alla televisione.

7 Lesen Sie die Sätze und setzen Sie die fehlenden **Hilfsverben** in die Lücken.

ha sono ho siete abbiamo avete è sei

a. Stamattina vi ____________ alzate presto.

b. Enzo ____________ cercato un ristorante italiano.

c. I Giotto ____________ tornati ieri dalle vacanze.

d. Noi ____________ nuotato tutto il giorno.

e. Il film ____________ durato due ore.

f. E voi, ____________ rivisto Pamela?

g. Tu ____________ piaciuto molto al signor Bini.

h. Io ____________ camminato fino a qui.

8 Lesen Sie folgende Sätze und schreiben Sie dann die entsprechenden Formen des **Passato prossimo** in die jeweiligen Zeilen.

Überlegen Sie, ob Sie das Hilfsverb **essere** oder **avere** benutzen.

a. I signori Simonetti viaggiano molto.

____

b. Marina rimane da noi due settimane.

____

c. Che cosa prendi come secondo?

____

d. A Mirco piacciono tanto i cioccolatini.

____

e. Secondo me fai troppe fotografie.

____

f. Luca, perché non vieni a Milano?

____

9 Sehen Sie sich die Sätze an und ergänzen Sie sie mit den Formen im **Passato prossimo** der vorgegebenen Verben.

a. Il treno (fermarsi) ______________ a Roma.

b. Daniela, (ricordarsi, tu) ______________ del regalo?

c. I Righi (svegliarsi) ______________ presto stamattina.

d. Noi in quell'hotel (trovarsi) ______________ bene.

e. Luca (prepararsi) ______________ per uscire.

f. Ma voi quando (incontrarsi) ______________ con Paola?

g. Io (trasferirsi) ______________ a Napoli nel 1988.

h. Noi (sedersi) ______________ fuori perché fa caldo.

10 Lesen Sie die Sätze im Präsens. Ersetzen Sie dann die Präsensformen durch das **Passato prossimo**. Schreiben Sie die neuen Formen auf die Linien.

Achten Sie auf das Subjekt und denken Sie an die Angleichung des Partizips!

a. Giulia torna a casa alle 5.

____

b. Il signor Lucchini scende dal tram.

____

c. Io e Marco siamo a Milano.

____

d. Carla e Maria vengono al mare con noi.

____

e. Quando arrivano i tuoi genitori?

____

f. Massimo non rimane qui.

____

11 Lesen Sie sich die Sätze im Präsens genau durch und wandeln Sie dann die hervorgehobenen Verbformen ins **Passato prossimo** um. Schreiben Sie die neuen Formen mit den direkten Objektpronomen in die Zeilen.

a. L'invito a cena però **lo accetto**!

____

b. Lui, Maria, **la ama** tanto!

____

c. Magari Andrea **mi chiama**?

____

d. I soldi **li cambiamo** noi.

____

e. Quelle riviste **le leggi**?

____

12 Schreiben Sie die **Condizionale**-Form des vorgegebenen Verbs in die Lücke.

a. (essere) ______________ meglio andarci domani.

b. Noi (potere) ______________ portare il tiramisù, d'accordo?

c. Leo e Mirella, (venire) ______________ anche voi al cinema stasera?

d. Sandra, mi (aprire, tu) ______________ la porta, per piacere?

e. (dire, io) ______________ di andare a casa adesso.

f. Gli stivali non (essere) ______________ male. Ma il colore non mi piace.

g. Io (prenotare) ______________ per luglio. In agosto è sempre tutto pieno.

h. Carlo, la (aiutare) ______________ tu a preparare l'esame?

i. Mia sorella è sempre stanca. Non (andare) ______________ mai fuori!

j. Questo week-end (volere, io) ______________ andare al mare.

k. Loro (avere) ______________ tempo per andare a prenderlo.

13 Vervollständigen Sie die Tabellen, indem Sie die fehlenden **Condizionale**-Formen in die Lücken schreiben.

Verben auf -are	Verben auf -ere	Verben auf -ire
porterei	______	sentirei
______	prenderesti	______
______	prenderebbe	sentirebbe
porteremmo	______	______
portereste	______	sentireste
______	prenderebbero	______

14 Lesen Sie sich die Sätze genau durch. Wandeln Sie die Präsensform des markierten Verbs in **stare** + Gerundium um. Schreiben Sie die neuen Formen in die Lücken.

a. Cosa **fai** qui? ______

b. Noi **guardiamo** un film e tu? ______

c. Lisa e Laura **vengono** qui. ______

d. Ma cosa **dite**? ______

e. **Leggo** il giornale. ______

f. Con chi **esce**? *Cosa stai facendo qui?*

15 Verlangen diese Verben eine **Präposition**, wenn sie von einem Infinitiv gefolgt werden? Wenn ja, welche? Ordnen Sie die Verben der richtigen Gruppe zu.

a) continuare b) dovere c) decidere d) preferire e) piacere f) chiedere
g) finire h) cominciare i) pensare j) dire k) andare l) iniziare

1. Verben mit der Präposition **di** ______

2. Verben mit der Präposition **a** ______

3. Verben ohne Präposition ______

16 Sie sehen hier sechs Sätze, die Sie vervollständigen sollten, indem Sie die jeweils konjugierte **Präsensform** des hervorgehobenen Verbs in Klammern und eventuell die anschließende **Präposition** auf die Linien schreiben.

a. Sandra, quando (credere) venire da me?

____

b. I signori Pieri (pensare) non poter traslocare a fine marzo.

____

c. A Elena e Giorgia (piacere) andare al mare.

____

d. Alfonso (continuare) arrivare tardi.

____

e. Signora, (volere) provare anche il tailleur marrone?

____

f. (iniziare) risparmiare perché vogliamo comprare una casa.

____

17 Vervollständigen Sie die Tabellen, indem Sie die fehlenden **Imperfetto**-Formen in die Lücken schreiben.

dare	**sapere**	**finire**
davo	________	finivo
________	sapevi	________
________	sapeva	finiva
davamo	________	________
davate	________	finivate
________	sapevano	________

18 Ordnen Sie den Infinitiven die entsprechende Form des **Passato remoto** zu.

pagò videro nacquero conobbero fu mise dovetti faceste presi crescemmo

a. mettere ____________

b. prendere ____________

c. essere ____________

d. vedere ____________

e. conoscere ____________

f. crescere ____________

g. fare ____________

h. dovere ____________

i. pagare ____________

j. nascere ____________

19 Schreiben Sie die richtigen **Futurformen** in die Lücken. In Klammern finden Sie die Infinitive und, wenn nötig, auch die Subjektpronomen.

a. Quando ____________ (tu, partire) per Milano?

b. Dove ____________ (voi, festeggiare) il vostro matrimonio?

c. Sabato ____________ (noi, venire) a casa tua.

d. Dal 21 al 28 gennaio non ____________ (io, essere) in ufficio.

e. Presto ____________ (loro, finire) quel lavoro.

f. ____________ (lui, fare) un viaggio in California per la fine dell'anno.

Abschlusstest

1 Tragen Sie die **Präsensformen** der vorgegebenen Verben ein.

a. Stasera (uscire, noi) ____________ a cena con Andrea e Lisa.

b. Mariella (seguire) ____________ sempre la moda.

c. (sentire, tu) ____________ spesso Maria?

d. Ti (seguire, io) ____________ in macchina, va bene?

e. Roberto (uscire) ____________ alle 8.00 per andare al lavoro.

f. (seguire, loro) ____________ la strada per Genova.

g. (uscire, io) ____________ : vado al supermercato.

h. Ma non (sentire, voi) ____________ il telefono?

2 Schreiben Sie die passenden **Reflexivpronomen** in die Lücken.

a. E lui come ____________ chiama? – Michele.

b. Di solito, io ____________ sveglio verso le 8.00.

c. ____________ sediamo vicino alla finestra?

d. I miei genitori ____________ alzano sempre alle 6.30.

e. Tu ____________ vesti sempre alla moda!

f. Fabrizio fa jogging e poi ____________ lava.

g. Stasera ____________ vestiamo bene per andare a teatro.

h. Voi, ____________ chiamate Bernardi di cognome? – No, Bernardo!

3 Kreuzen Sie das richtige **Partizip** an.

1. Abbiamo ____________ una macchina.

☐ **a.** noleggiato ☐ **b.** noleggiata ☐ **c.** noleggiati

2. Silvia è ____________ da casa alle sette.

☐ **a.** uscite ☐ **b.** uscita ☐ **c.** uscito

3. A Stefano i regali sono ______ molto.

☐ a. piaciuto ☐ b. piaciuta ☐ c. piaciuti

4. I Monti hanno ______ un ristorante francese.

☐ a. cercata ☐ b. cercati ☐ c. cercato

5. Nadia e Laura, siete già ______ a Genova?

☐ a. state ☐ b. stati ☐ c. stato

4 Wählen Sie die richtige Form des **Passato prossimo** aus.

1. Carla ______ a casa.

☐ a. è andato ☐ b. è andata ☐ c. sono andate

2. Luca ______ da me ieri sera.

☐ a. sono venuti ☐ b. è venuta ☐ c. è venuto

3. Io e mia moglie ______ lunedì.

☐ a. siamo arrivati ☐ b. siamo arrivate ☐ c. è arrivata

4. Mario ______ dal treno.

☐ a. siamo scese ☐ b. è scesa ☐ c. è sceso

5. ______ solo due birre.

☐ a. Sono rimasti ☐ b. Sono rimaste ☐ c. È rimasta

6. Quanto ______ i biglietti?

☐ a. è costato ☐ b. sono costate ☐ c. sono costati

7. Allora Claudia, ______ in Germania?

☐ a. sei stato ☐ b. sei stata ☐ c. siamo stati

8. A Paola ______ le rose?

☐ a. sono piaciute ☐ b. sono piaciuti ☐ c. è piaciuta

5 Passato prossimo oder **Präsens**? Kreuzen Sie an.

1. Ieri Carlo ...

☐ **a.** è partito. ☐ **b.** parte. ☐ **c.** è partita.

2. Tu in inverno normalmente ...

☐ **a.** avete sciato? ☐ **b.** scil? ☐ **c.** scia?

3. Due giorni fa ...

☐ **a.** mi sento male. ☐ **b.** si sente male. ☐ **c.** mi sono sentita male.

4. La prossima settimana ...

☐ **a.** siete a casa? ☐ **b.** siete stati a casa? ☐ **c.** sono stati a casa?

5. Domani noi ...

☐ **a.** siamo andati al cinema. ☐ **b.** andiamo al cinema. ☐ **c.** vado al cinema.

6. Sabato scorso Anna ...

☐ **a.** è rimasto in casa. ☐ **b.** rimane in casa. ☐ **c.** è rimasta in casa.

Lösungen zu den Übungen

1 **a.** parla, **b.** Vendiamo, **c.** Conosco, **d.** intende, **e.** stai, **f.** è, **g.** Arrivo

2 dormi, dorme, dormiamo, dormono; capisco, capisci, capiamo, capite, capiscono

3 **a.** devo, **b.** puoi, **c.** può, **d.** dobbiamo, **e.** potete, **f.** devono

4 **a.** Vieni, **b.** Vengo, **c.** viene, **d.** Venite, **e.** veniamo, **f.** vengono

5 **a.** vanno, **b.** va, **c.** vai, **d.** andiamo, **e.** vado, **f.** andate

6 **a.** ha fatto, **b.** ho bevuto, **c.** abbiamo letto, **d.** avete finito, **e.** Hai telefonato, **f.** ha preparato, **g.** hanno venduto, **h.** ho guardato

7 **a.** siete, **b.** ha, **c.** sono, **d.** abbiamo, **e.** è, **f.** avete, **g.** sei, **h.** ho

8 **a.** hanno viaggiato, **b.** è rimasta, **c.** hai preso, **d.** sono piaciuti, **e.** hai fatto, **f.** sei venuto

9 **a.** si è fermato, **b.** ti sei ricordata, **c.** si sono svegliati, **d.** ci siamo trovati / trovate, **e.** si è preparato, **f.** vi siete incontrati / incontrate, **g.** mi sono trasferito / trasferita, **h.** ci siamo seduti / sedute

10 **a.** è tornata, **b.** è sceso, **c.** siamo stati, **d.** sono venute, **e.** sono arrivati, **f.** è rimasto

11 **a.** lo ho / l'ho accettato, **b.** la ha / l'ha amata, **c.** mi ha chiamato / chiamata, **d.** li abbiamo cambiati, **e.** le hai lette

12 **a.** Sarebbe, **b.** potremmo, **c.** verreste, **d.** apriresti, **e.** Direi, **f.** sarebbero, **g.** prenoterei, **h.** aiutereste, **i.** andrebbe, **j.** vorrei, **k.** avrebbero

13 porteresti, porterebbe, porterebbero; prenderei, prenderemmo, prendereste; sentiresti, sentiremmo, sentirebbero

14 **b.** stiamo guardando, **c.** stanno venendo, **d.** state dicendo, **e.** Sto leggendo, **f.** sta uscendo

15 **1. g., i., c., f., j.; 2. h., a., k., l.; 3. e., d., b.**

16 **a.** credi / crede di, **b.** pensano di, **c.** piace, **d.** continua a(d), **e.** vuole, **f.** Iniziamo a

17 davi, dava, davano; sapevo, sapevamo, sapevate; finivi, finivamo, finivano

18 **a.** mise, **b.** presi, **c.** fu, **d.** videro, **e.** conobbero, **f.** crescemmo, **g.** faceste, **h.** dovetti, **i.** pagò, **j.** nacquero

19 **a.** partirai, **b.** festeggerete, **c.** verremo, **d.** sarò, **e.** finiranno, **f.** Farà

Lösungen zum Abschlusstest

1 **a.** (noi) usciamo, **b.** segue, **c.** (Tu) senti, **d.** seguo, **e.** esce, **f.** (Loro) seguono, **g.** (Io) esco, **h.** sentite

2 **a.** si, **b.** mi, **c.** Ci, **d.** si, **e.** ti, **f.** si, **g.** ci, **h.** vi

3 **1.-a., 2.-b., 3.-c., 4.-c., 5.-a.**

4 **1.-b., 2.-c., 3.-a., 4.-c., 5.-b., 6.-c., 7.-b., 8.-a.**

5 **1.-a., 2.-b., 3.-c., 4.-a., 5.-b., 6.-c.**

Alphabetische Verbliste

In der nachstehenden Liste sind einige der wichtigsten regelmäßigen und unregelmäßigen italienischen Verben in alphabetischer Folge aufgeführt. Die Zahlen verweisen auf die Konjugationsnummern der in diesem Buch beispielhaft konjugierten Verben. Diese Musterverben sind blau hervorgehoben.
Verben, deren zusammengesetzte Zeiten mit dem Hilfsverb essere gebildet werden, sind durch + *E* gekennzeichnet, Verben mit wechselndem Gebrauch sind mit + *A / E* markiert. Alle übrigen Verben bilden die zusammengesetzten Zeiten mit avere.

Weitere verwendete Abkürzungen:
(-) = fehlt
cond. = Condizionale presente
fut. = Futuro semplice
p.p. = Participio passato
p.r. = Passato remoto
pres. = Presente
verbo imp. = verbo impersonale (unpersönliches Verb)

A

abbagliare *(blenden)* ... 14
abbaiare *(bellen)* ... 13
abbandonare *(verlassen)* ... 3
abbellire *(verschönern)* ... 104
abbigliare *(kleiden)* ... 14
abboccare *(anbeißen)* ... 7
abbracciare *(umarmen)* ... 6
abbreviare *(abkürzen)* ... 13
abbronzarsi + *E (sich bräunen)* ... 3
abbrustolire *(rösten)* ... 104
abbrutire *(verrohen)* ... 104
abdicare *(abdanken)* ... 7
abitare *(wohnen)* ... 3
abituarsi + *E (sich gewöhnen)* ... 3
abolire *(abschaffen)* ... 104
aborrire *(verabscheuen)* ... 104 / 101
abortire *(abtreiben)* ... 104
abrogare *(außer Kraft setzen)* ... 11
accadere + *E (geschehen)* ... 18
accalappiare *(einfangen)* ... 13
accalcare *(zusammenpferchen)* ... 7
accanirsi + *E (sich erbosen)* ... 104
accapigliarsi + *E (sich raufen)* ... 14
accasciarsi + *E (zusammensinken)* ... 9
accecare + *A / E (blind machen / erblinden)* ... 7
accelerare *(beschleunigen)* ... 3
accendere *(anzünden, einschalten)* ... 83
accerchiare *(umzingeln)* ... 13
accettare *(annehmen)* ... 3
accingersi + *E (sich anschicken)* ... 69
accludere *(beifügen)* ... 20
accogliere *(empfangen)* ... 21
accompagnare *(begleiten)* ... 3
accondiscendere *(einwilligen)* ... 83
acconsentire *(zustimmen)* ... 101
accontentare *(zufrieden stellen)* ... 3
accoppiare *(paaren)* ... 13
accorciare + *A / E (kürzen / kürzer werden)* ... 6
accorgersi + *E (bemerken)* ... 94
accorrere *(herbeieilen)* ... 57
accovacciarsi + *E (sich kauern)* ... 6
accrescere + *A / E (vergrößern / wachsen)* ... 58
accucciarsi + *E (sich hinlegen)* ... 6
accudire *(pflegen)* ... 104
accusare *(vorwerfen)* ... 3
acquisire *(erwerben)* ... 104
acquistare *(kaufen)* ... 3
acuire *(verschärfen)* ... 104
adagiare *(hinlegen)* ... 10
addirsi + *E, (-) p.r., (-) p.p. (geeignet sein)* ... 25
addivvenire *(gelangen)* ... 113
addolcire *(süßen)* ... 104
addolcirsi + *E (sanfter werden)* ... 104
addomesticare *(zähmen)* ... 7
addormentarsi + *E (einschlafen)* ... 3
addurre *(vorbringen)* ... 23

approfittare *(ausnutzen)* 3
approfondire *(vertiefen)* 104
aprire *(öffnen)* 103
archiviare *(archivieren)* 13
ardere + A/E *(verbrennen/brennen)* 50
ardire *(wagen)* 104
arguire *(entnehmen)* 104
arieggiare *(lüften)* 10
arrabbiarsi + E *(sich ärgern)* 13
arrampicarsi + E *(klettern)* 7
arrangiarsi + E *(sich behelfen)* 10
arrecare *(überbringen)* 7
arredare *(einrichten)* 3
arrendersi + E *(sich ergeben)* 83
arrestare *(festnehmen)* 3
arricchire + A/E *(bereichern/reich werden)* 104
arricciare *(kräuseln)* 6
arringare *(eine Ansprache halten)* 11
arrivare + E *(ankommen)* 3
arrischiare *(riskieren)* 13
arrossire + E *(erröten)* 104
arrostire + A/E *(braten)* 104
arrugginire + A/E *(rostig machen/rosten)* 104
ascendere + E *(hinaufsteigen, besteigen)* 83
asciugare + A/E *(trocknen)* 11
ascoltare *(zuhören)* 3
ascrivere *(zuschreiben)* 93
asfissiare + A/E *(ersticken)* 13
aspergere *(besprengen)* 62
aspettare *(warten)* 3
assaggiare *(probieren)* 10
assalire *(angreifen)* 110
assediare *(belagern)* 13
assentire *(zustimmen)* 101
assicurare *(versichern)* 3
assistere *(beistehen)* 86
associare *(verbinden)* 6
assolvere *(freisprechen)* 51
assomigliare *(ähneln)* 14
assopirsi + E *(einnicken)* 104
assorbire *(aufsaugen)* 101/104
assottigliare *(dünner machen)* 14
assuefarsi + E *(sich gewöhnen)* 28
assumere *(annehmen, einstellen)* 52
assurgere + E *(emporsteigen)* 53

astenersi + E *(sich enthalten)* 43
astrarre *(ablenken)* 44
attaccare *(befestigen)* 7
atteggiarsi + E *(sich aufspielen)* 10
attendere *(warten)* 83
attenersi + E *(sich halten an)* 43
atterrare + A/E *(landen)* 3
atterrire *(erschrecken)* 104
attingere *(schöpfen)* 69
attirare *(auf sich ziehen)* 3
attorcigliare *(aufwickeln)* 14
attrarre *(anziehen)* 44
attraversare *(überqueren)* 3
attribuire *(zuschreiben)* 104
attutire *(dämpfen)* 104
augurare *(wünschen)* 3
aumentare + A/E *(erhöhen/steigen)* 3
autenticare *(beglaubigen)* 7
autodistruggersi + E *(sich selbst zerstören)* 97
autoridurre *(selbst herabsetzen)* 23
avere *(haben)* 2
avvalersi + E *(Gebrauch machen)* 45
avvantaggiare *(begünstigen)* 10
avvedersi + E,
p.p. nur regelmäßig (bemerken) 46
avvenire + E *(geschehen)* 113
avvertire *(verständigen)* 101
avviare *(einleiten)* 5
avvicinarsi + E *(sich nähern)* 3
avvilire *(deprimieren)* 104
avvincere *(fesseln)* 99
avvinghiare *(umklammern)* 13
avvizzire + A/E *(welken lassen/verwelken)* 104
avvolgere *(einwickeln)* 100

B

baciare *(küssen)* 6
ballare *(tanzen)* 3
bandire *(ausschreiben)* 104
barricare *(versperren)* 7
bastare + E *(genügen)* 3
battere *(schlagen)* 15
bazzicare *(verkehren in)* 7
beatificare *(selig sprechen)* 7
beccare *(picken)* 7

beccheggiare *(schaukeln)* ... 10
benedire *(segnen)* ... 25
beneficare *(beschenken)* ... 7
bere *(trinken)* ... 17
bersagliare *(unter Beschuss nehmen)* ... 14
bilanciare *(ausgleichen)* ... 6
bisbigliare *(flüstern)* ... 14
bisticciare *(streiten)* ... 6
bivaccare *(im Freien übernachten)* ... 7
blandire *(lindern)* ... 104
bloccare *(sperren)* ... 7
boccheggiare *(nach Luft schnappen)* ... 10
bocciare *(durchfallen lassen)* ... 6
bollire *(kochen)* ... 101
braccare *(verfolgen)* ... 7
brandire *(schwingen)* ... 104
brigare *(eifrig bemüht sein)* ... 11
brucare *(abweiden)* ... 7
bruciare + *A/E (verbrennen/brennen)* ... 6
brulicare *(wimmeln)* ... 7
bucare *(ein Loch machen in)* ... 7
buscare *(kriegen)* ... 7
bussare *(klopfen)* ... 3

C

cacciare *(jagen)* ... 6
cadere + *E (fallen)* ... 18
cagliare + *A/E (gerinnen lassen/gerinnen)* ... 14
calciare *(schießen)* ... 6
caldeggiare *(befürworten)* ... 10
calmare *(beruhigen)* ... 3
calunniare *(verleumden)* ... 13
cambiare + *A/E (wechseln/sich verändern)* ... 13
camminare *(gehen)* ... 3
campeggiare *(zelten)* ... 10
cantare *(singen)* ... 3
capire *(verstehen)* ... 104
capovolgere *(umkippen)* ... 100
caricare *(laden)* ... 7
carpire *(entlocken)* ... 104
cascare + *E (fallen)* ... 7
castigare *(bestrafen)* ... 11
catalogare *(katalogisieren)* ... 11
causare *(verursachen)* ... 3
cavalcare *(reiten)* ... 7
cedere *(nachgeben)* ... 16
cenare *(zu Abend essen)* ... 3
cercare *(suchen)* ... 7
certificare *(bescheinigen)* ... 7
chiacchierare *(plaudern)* ... 3
chiamare *(rufen, nennen)* ... 3
chiamarsi *(heißen)* ... 3
chiarificare *(erläutern)* ... 7
chiarire + *A/E (klären/aufklaren)* ... 104
chiedere *(fragen)* ... 19
chiudere *(schließen)* ... 20
cingere *(umgeben)* ... 69
circoncidere *(beschneiden)* ... 87
circonflettere *(krümmen)* ... 88
circoscrivere *(abgrenzen)* ... 93
classificare *(einordnen)* ... 7
codificare *(verschlüsseln)* ... 7
coesistere + *E (nebeneinander bestehen)* ... 86
cogliere *(pflücken)* ... 21
coincidere *(übereinstimmen)* ... 87
coinvolgere *(hineinziehen)* ... 100
collaborare *(zusammenarbeiten)* ... 3
collegare *(verbinden)* ... 11
collezionare *(sammeln)* ... 3
collidere *(zusammenstoßen)* ... 87
collocare *(stellen, legen)* ... 7
colpire *(schlagen, treffen)* ... 104
combaciare *(zusammenpassen)* ... 6
cominciare + *A/E (beginnen)* ... 6
commerciare *(Handel treiben)* ... 6
commettere *(begehen)* ... 77
commuovere *(ergreifen)* ... 30
comparire + *E (erscheinen)* ... 102
compatire *(bemitleiden)* ... 104
compendiare *(zusammenfassen)* ... 13
competere *(-) p.p. (konkurrieren)* ... 15
compiacere + *E (gefällig sein)* ... 33
compiangere *(bedauern)* ... 81
compiere *(beenden)* ... 22
compire *(beenden)* ... 104
complicare *(komplizierter machen)* ... 7
comporre *(verfassen)* ... 34
comportarsi + *E (sich benehmen)* ... 3

crucciare *(betrüben)* 6
cucinare *(kochen)* 3
cucire *(nähen)* 105
cuocere *(kochen)* 24
custodire *(aufbewahren)* 104

D

danneggiare *(beschädigen)* 10
dare *(geben)* 8
decadere + *E (verfallen)* 18
decidere *(entscheiden)* 87
decodificare *(entschlüsseln)* 7
decomporre *(zersetzen)* 34
decomprimere *(den Druck vermindern)* 67
decorrere + *E (vergehen)* 57
decrescere + *E (zurückgehen)* 58
dedicare *(widmen)* 7
dedurre *(folgern)* 23
defalcare *(abziehen)* 7
deferire *(anzeigen)* 104
definire *(definieren)* 104
deflettere *(abweichen)* 88
delegare *(beauftragen)* 11
deludere *(enttäuschen)* 20
demolire *(verschrotten)* 104
denunciare *(anzeigen)* 6
denunziare *(anzeigen)* 13
deperire + *E (verderben)* 104
deporre *(abstellen)* 34
deprecare *(missbilligen)* 7
deprimere *(deprimieren)* 67
deragliare *(entgleisen)* 14
deridere *(verspotten)* 87
derogare *(abweichen)* 11
descrivere *(beschreiben)* 93
desiderare *(sich wünschen)* 3
desistere *(nicht weiter verfolgen)* 86
destituire *(absetzen)* 104
destreggiarsi + *E (zurechtkommen)* 10
detenere *(innehaben)* 43
detrarre *(abziehen)* 44
deviare *(umleiten, die Richtung ändern)* 5
diagnosticare *(diagnostizieren)* 7
dichiarare *(erklären, verkünden)* 3
difendere *(verteidigen)* 83
differenziare *(unterscheiden)* 13
differire *(verschieben)* 104
diffondere *(verbreiten)* 70
digerire *(verdauen)* 104
dilagare + *E (um sich greifen)* 11
dilaniare *(zerfetzen)* 13
dileggiare *(verhöhnen)* 10
diluire *(verdünnen)* 104
dilungarsi + *E (sich auslassen)* 11
diluviare *verbo imp. (in Strömen regnen)* 6
dimagrire + *E (abnehmen)* 104
dimenticare *(vergessen)* 7
dimettere *(entlassen)* 77
diminuire + *A/E (verringern/zurückgehen)* 104
dimostrare *(zeigen)* 3
dipartire + *E (hinscheiden)* 104/101
dipendere + *E (abhängen)* 83
dipingere *(malen)* 69
dire *(sagen)* 25
dirigere *(leiten, lenken)* 64
dirompere *(zermalmen)* 91
disassuefarsi + *E (sich abgewöhnen)* 28
discendere + *E (abstammen)* 83
discernere *(-) p.p. (erkennen)* 15
dischiudere *(öffnen)* 20
disciogliere *(auflösen)* 21
discomporre *(stören)* 34
disconnettere *(zerlegen)* 88
disconoscere *(nicht anerkennen)* 55
disconvenire *(ungebührlich sein)* 113
discorrere *(sich unterhalten)* 57
discutere *(diskutieren)* 59
disdire *(absagen)* 25
disegnare *(zeichnen)* 3
disfare *(auspacken, auseinander nehmen)* 28
disgiungere *(trennen)* 73
disilludere *(ernüchtern)* 20
disinvestire *(flüssig machen)* 101
dislocare *(versetzen)* 7
disobbligare *(entbinden)* 11
disparire *(verschwinden)* 102
disperare + *E (verzweifeln)* 3
disperdere *(zerstreuen)* 80
dispergere *(zerstreuen)* 62
dispiacere + *E (leidtun)* 33

gracchiare *(krächzen)* 13
gradire *(gern mögen)* 104
graffiare *(kratzen)* 13
grandeggiare *(hinausragen)* 10
grattugiare *(reiben)* 10
graziare *(begnadigen)* 13
gremire *(bevölkern)* 104
gridare *(schreien)* 3
grugnire *(grunzen)* 104
guadagnare *(verdienen)* 3
guardare *(ansehen)* 3
guarire + *A/E (heilen/gesund werden)* 104
guarnire *(schmücken)* 104
guerreggiare *(Krieg führen)* 10
guidare *(fahren)* 3

I

identificare *(identifizieren)* 7
illividire + *A/E*
(bläulich machen/blau anlaufen) 104
illudere *(falsche Hoffnungen machen)* 20
imbarcare *(einschiffen)* 7
imbarcarsi + *E (an Bord gehen)* 7
imbastire *(heften)* 104
imbavagliare *(knebeln)* 14
imbeccare *(füttern)* 7
imbellire + *A/E (verschönern/schöner werden)* 104
imbestialire + *A/E*
(in Rage bringen/rasend werden) 104
imbiancare + *A/E*
(weiß streichen/weiß werden) 7
imbiondire + *A/E (blondieren/blond werden)* 104
imbizzarrire + *E (scheuen)* 104
imboccare *(füttern)* 7
imbonire *(für sich gewinnen)* 104
imborghesire + *A/E (verspießern)* 104
imboscare *(im Wald verstecken)* 7
imboschire + *A/E (aufforsten/sich bewalden)* 104
imbottigliare *(in Flaschen abfüllen)* 14
imbracciare *(schultern)* 6
imbrigliare *(zäumen)* 14
imbroccare *(erraten)* 7
imbrogliare *(betrügen)* 14
imbronciare + *E (schmollen)* 6
imbrunire + *E (dämmern)* 104
imbruttire + *A/E*
(hässlich machen/hässlich werden) 104
imbucare *(einwerfen)* 7
imitare *(nachahmen)* 3
immaginare *(sich vorstellen)* 3
immergere *(eintauchen)* 62
immettere *(einführen)* 77
immischiare *(hineinziehen)* 13
immiserire + *A/E (verarmen lassen/verarmen)* 104
impaccare *(einpacken)* 7
impacciare *(behindern)* 6
impadronirsi + *E (sich aneignen)* 104
impagliare *(mit Stroh umwickeln)* 14
impallidire + *E (blass werden)* 104
imparare *(lernen)* 3
impartire *(erteilen)* 104
impaurire + *A/E (verängstigen/erschrecken)* 104
impazzire + *E (verrückt werden)* 104
impedire *(verhindern)* 104
impensierire *(beunruhigen)* 104
impermalire *(kränken)* 104
impiccare *(erhängen)* 7
impicciare *(stören)* 6
impiegare *(verwenden, brauchen)* 11
impietosire *(Mitleid erregen)* 104
impigliare *(verhaken)* 14
implicare *(mit sich bringen)* 7
implodere + *E (implodieren)* 90
impoltronire + *A/E*
(träge machen/träge werden) 104
imporre *(auferlegen)* 34
importare + *A/E (importieren/wichtig sein)* 3
impoverire + *A/E (arm machen/verarmen)* 104
impratichire *(einarbeiten)* 104
imprecare *(fluchen)* 7
imprimere *(aufdrücken)* 67
imputridire + *A/E*
(schlecht werden lassen/verfaulen) 104
inacidire + *A/E (verbittern/sauer werden)* 104
inarcare *(krümmen)* 7
inaridire + *A/E (austrocknen)* 104
inasprire + *A/E (verschärfen/sauer werden)* 104
incagliare + *A/E (behindern/auflaufen)* 14
incanutire + *A/E*
(ergrauen lassen/grau werden) 104

L

P

Q

R

rassomigliare *(ähneln)* 14
rattrapire *(verkrampfen)* 104
ravvedersi + *E,*
p.p. nur regelmäßig (sein Unrecht einsehen) 46
ravviare *(aufräumen)* 5
ravvolgere *(einwickeln)* 100
razziare *(plündern)* 5
reagire *(reagieren)* 104
realizzare *(verwirklichen)* 3
recare *(bereiten)* 7
recidere *(abschneiden)* 87
recingere *(umgeben)* 69
recludere *(einsperren)* 20
redarguire *(tadeln)* 104
redigere *(aufsetzen)* 84
redimere *(befreien)* 85
reggere *(festhalten, aushalten)* 76
registrare *(aufnehmen)* 3
regredire *(nachlassen)* 104
relegare *(verbannen)* 11
rendere *(zurückgeben, leisten)* 83
repellere *(abstoßen)* 66
replicare *(erwidern)* 7
reprimere *(unterdrücken)* 67
requisire *(beschlagnahmen)* 104
resistere *(widerstehen)* 86
respingere *(abweisen)* 69
respirare *(atmen)* 3
restare + *E (bleiben)* 3
restituire *(zurückgeben)* 104
restringere *(enger machen)* 96
retrarre *(zurückziehen)* 44
retribuire *(entlohnen)* 104
retrocedere + *A/E*
(degradieren/zurückweichen) 54
rettificare *(begradigen)* 7
revocare *(widerrufen)* 7
riandare + *A/E, pres.: rivà (wieder gehen)* 4
riaprire *(wieder öffnen)* 103
riardere + *A/E*
(wieder entfachen/sich wieder entzünden) 50
riassumere *(zusammenfassen)* 52
riavere *(zurückbekommen)* 2
ribadire *(bekräftigen)* 104
ribollire *(wieder aufkochen)* 101
ricadere + *E (wieder hinfallen)* 18
ricalcare *(durchpausen)* 7
richiedere *(wieder fragen, erfordern)* 19
richiudere *(wieder schließen)* 20
riconciliare *(wieder versöhnen)* 13
ricondurre *(zurückbringen)* 23
riconoscere *(erkennen)* 55
ricoprire *(bedecken)* 103
ricordarsi + *E (sich erinnern)* 3
ricorrere + *A/E*
(noch einmal laufen/wiederkehren) 57
ricostruire *(wieder aufbauen)* 104
ricucire *(zunähen)* 105
ridacchiare *(kichern)* 13
ridare *pres.: ridò (zurückgeben)* 8
ridere *(lachen)* 87
ridire *(noch einmal sagen)* 25
ridurre *(verringern)* 23
riempire *(füllen)* 109
riepilogare *(zusammenfassen)* 11
rifare *(noch einmal machen)* 28
riferire *(berichten)* 104
rifinire *(fein bearbeiten)* 104
rifiutare *(ablehnen)* 3
riflettere *(widerspiegeln, nachdenken)* 88
rifondere *(vergüten)* 70
rifornire *(versorgen)* 104
rifrangere *(brechen)* 71
rifriggere *(wieder aufbraten)* 68
rifuggire *(wieder flüchten)* 101
rifugiarsi + *E (flüchten)* 10
rigare *(Linien ziehen auf)* 11
rilanciare *(wieder werfen)* 6
rilasciare *(ausstellen)* 9
rilassarsi + *E (sich entspannen)* 3
rilegare *(binden)* 11
rileggere *(wieder lesen)* 76
rimandare *(zurückschicken, verschieben)* 3
rimanere + *E (bleiben)* 36
rimbambire + *E (verblöden)* 104
rimboccare *(hochkrempeln)* 7
rimediare *(wieder gutmachen)* 13
rimettere *(zurückstellen)* 77
rimorchiare *(abschleppen)* 13
rimordere *(quälen)* 78

S

T